병신 하니 등신 하네

병신 하니 등신 하네

발행일   2016년 7월 30일

지은이   이 건 표
펴낸이   손 형 국
펴낸곳   (주)북랩
편집인   선일영   편집   김향인, 권유선, 김예지, 김송이
디자인   이현수, 신혜림, 윤미리내, 임혜수   제작   박기성, 황동현, 구성우
마케팅   김회란, 박진관, 오선아
출판등록 2004. 12. 1(제2012-000051호)
주소   서울시 금천구 가산디지털 1로 168, 우림라이온스밸리 B동 B113, 114호
홈페이지   www.book.co.kr
전화번호   (02)2026-5777   팩스   (02)2026-5747

ISBN   979-11-5987-141-2 03220(종이책)   979-11-5987-142-9 05220(전자책)

이 도서의 국립중앙도서관 출판예정도서목록(CIP)은 서지정보유통지원시스템 홈페이지(http://seoji.nl.go.kr)와
국가자료공동목록시스템(http://www.nl.go.kr/kolisnet)에서 이용하실 수 있습니다.
(CIP제어번호 : CIP2016017775)

성공한 사람들은 예외없이 기개가 남다르다고 합니다.
어려움에도 꺾이지 않았던 당신의 의기를 책에 담아보지 않으시렵니까?
책으로 펴내고 싶은 원고를 메일(book@book.co.kr)로 보내주세요.
성공출판의 파트너 북랩이 함께하겠습니다.

| 참된 마음자리를 찾아나선 이들에게 주는 짤막한 글 |

병신 하니 등신 하네

이건표 지음

북랩 book Lab

들어가는 글

●

응?

응.

.

.

.

.

.

고맙습니다.

2016년 7월 어느 한때 늦은 밤

성암원에서

一智 李健杓 合掌 拜禮

• 막힘이나 걸림이 없이 환하게 통하면 문자를 세우지 않고 이심전심以心傳心이라네.
 허공을 나는 새가 티끌만한 흔적도 남기지 않듯 환하게 통하는 일이란 본디 그렇다네.

● 참된 구멍을 좇아 들어가는 길道

● 깨우친 이들의 위치와 자리를 보임

● 열 가지의 성스러운 마음자리. 十地

두서없이
그저
자연 자연하게

自然

001

참된 믿음과信 깊은 이해를解 바탕으로 닦고 행하면서修
그 증거로서 열매를證 맺는다는 것. 信解修證

●

1년 365일 단 하루도 잃지 말라고 당부하고 또 당부하는 일이니,

봄春 3개월은 만물을 생하는生 어진仁 기운이라 이르고

여름夏 3개월은 만물을 올바르게 키워나가는

의로운義 기운이라 이른다네.

가을秋 3개월은 배우고 얻은 뜻이 큰 까닭으로

몸과 마음에 예의禮 기운이 가득하고

겨울冬 3개월은 고단한 시절을 지혜롭게 넘기는 지혜의智 기운이라네.

춘하추동, 인의예지, 365일 단 하루도 쉬지 않고 노력해야 하는 것이니,

365일 그 바탕이 되는 기운은 믿음이라네信.

365일 빠짐없이 인의예지가 충만하더라도

이 믿음이 바탕이 되지 않으면

모든 것이 물거품과도 같이 지극히 허망한 것이니,

바탕이 되는 이 믿음이

춘하추동 365일을 움직이고 이끌어가는 거대한 힘이라네.

쉼 없는 365일의 참다운 이치를 아는 지혜를般若 아깝게 여기면서

마땅히 지켜야 할 바를 굳게 지키는 일을 믿음이라信 이르며,

365일 하루하루를 분명하게 밝히는 일을 이해라고解 이른다네.

믿음만이 있고 이해가 없다면

몸과 마음만을 더럽히는 독선적이며 이기적인 길로 나서기가 쉽고

이해만이 있고 진실한 믿음이 없다면

요사스럽고 바르지 못한 생각이나 삿된 일만이 더욱 더해진다네.

믿음과 이해가 모자람 없이 갖추어져야만 비로소 닦고 행하는 기본,

곧 수행의修行 기본이 되는 것이라네.

참다운 지혜를 들어 사물의 이치를 비추어 보면서

고요한 몸과 마음으로 춘하추동 365일의 기운을

잃지 않는 것을 수라修 이른다네.

때문에 참된 진리를 만나서는 참된 진리를 행하고無爲

덧없는 일을 당해서는 덧없게 행하여야만이有爲

비로소 닦고 행하여 나아가는 대장부 일이 당당히 서는 것이라네.

닦고 행하여 얻어진 결과를 증이라證 이르는 것이니,

이 열매를 얻고자 몸과 마음을 다하는 자는

깊고도 미묘한 마음을 깨우침의菩提 본바탕으로 삼아

쌓고 쌓아야만 비로소 미묘한 깨우침의 결과,

곧 길이道 아닌 참다운 길을道 좇을 수 있다네.

002

참된 구멍이란—竅

●

깨지고 흩어져버린 어지러운 마음을 완전하게 없애고

참으로 올곧게 안정된 마음자리의 터를正定 이르는 것이 이 구멍이니,

이 참된 구멍이 무량한 길을道 닦아 나아가는 지고지순한 자리라네.

이 참된 구멍을 알지 못한다면

더할 나위 없는 올곧은 길에서道 한없이 아득해지는 것이니,

과연 어디 어느 곳에서 다시 시작할 수 있겠는가.

밝은 스승이 아니면 이곳을 알지 못한다 하였다네.

실체가實體 없는 텅 빈 공을空 깊이 살피는 일 또한 이곳을 떠나지 못하며,

과거, 현재, 미래에 걸림이 없이三昧

진리를 직관할 수 있는 바른 구멍이라네禪定.

이 참된 구멍은

생겨남도 없고 없어짐도 없는 물건으로서

일체의 사사로운 견해를 벗어난 참된 본바탕의 미묘한 이치이며,

생겨나거나 없어지는 변화가 없이 영원히 존재하는 참된 것이니眞空妙有,

굳이 그 크기를 따지자면 밖이라 할 수 있는 것이 없고

그 작기를 따지자면 안이라 할 만한 것이 없다네.

삼라만상의 모든 성품이性品 이 한 구멍에 있는 것이니,

이 한 구멍을 알지 못하고 닦고 행하는 자는

한쪽으로 크게 치우친 어리석은 사람이라 이른다네.

본래 위와 아래, 동서남북이 있었던가.

아니라네. 아니라네.

안과 밖, 위와 아래, 동서남북은

본래부터 이 구멍 안에서 이름도 얻지 못하고 있었다네.

그런데 어찌해서 한쪽으로 치우친 자의 말만을 믿고

참과 거짓, 안과 밖, 위와 아래, 동서남북이란 인식에 빠져

그 오랜 세월을 허비하고 있는가.

이르기를

"경을 번역하고 뜻을 해석하는 일이 손가락으로 달을 가리키는 것과 같아

손가락을 통해서만이 하늘에 있는 달을 볼 수가 있다 하였네.

달이 지고 손가락도 잊어버려서 단 한 가지 일도 없게 되거든

'배고프면 밥 먹고 몸과 마음이 피곤하면 잠을 자라.'고 하였다네.

003

대자연의大自然 일부분으로서 이 몸이란身

●

군이 따지고 보자면 대체로 이 몸은

삼라만상을森羅萬象 낳고 기르는 대자연의 이치로 인하여

삶을 살아가거나 또한 죽음에 이르는 것이 아니던가.

부모가父母 처음 만나서 서로가 사랑하지 않았을 때는

아직 이 몸이 생기기 이전이 아니던가.

그때에 마주 대하여 드러난 바탕으로서의 모양이나 상태가 있었던가?

아니면 이름이 있었던가? 이도 저도 아니라면 나라는 이 몸이 있었던가?

끝끝내 혼백이魂魄 흩어지는 날에는

이미 이 몸이 죽은 뒤의 일이 아니던가.

그때에 마주 대하여 드러난 바탕으로서의 모양이나 상태가 있겠는가?

아니면 이름이 있겠는가?

앞이나 뒤, 이 두 곳에 이 몸이 모두 없는데

어찌해서 그 중간에 크게 치우쳐 '나'라는 것에 마음이 혹하여

미련하게도 떨쳐내지 못하고 어이없이 끌려만 다닌단 말인가.

정신을 잃고 말이나 행동이 정상에서 벗어나

'나'라는 존재를 구별 짓고 나누어 밝히는 까닭으로

이것이 곧 길 아닌 길을道 해치는 가장 큰 도적이라네.

004

예나 지금을 통해서 둘이 아닌 큰 길道

●

몸과 마음의 갈피를 잡아 가다듬는 일이란

마땅히 지켜야 할 지극한 행동규범이戒 되는 것이고

모름지기 마땅히 지켜야 할 행동규범으로 인하여

고요함에 머무는 바가定 일어나는 것이라네.

이렇듯 고요하게 머무는 바로 인하여

밝고 참된 지혜가慧 생기는 것이라네.

그러므로 마땅히 지켜야 할 행동규범과戒

고요함에 머무는 바와定

사물의 이치를 밝게 밝히는 참된 지혜를慧

더하거나 덜함이 없이 고르게 통하여 환하게 알아야만

막힘이나 걸림이 없는 미묘한 열매를妙果 두루 원만하게 얻을 수 있다네.

이것이 바로 예나 지금을 통하여

한결같으면서 둘이 아닌 큰 길이라네大道.

005

그 사람의 됨됨이가 크다는 의미

●

그 사람의 됨됨이가 크다는 것은

안으로 닦고 행하면서 얻어 지닌 위없는 깨우침과

무한한 사랑으로 세상사 어려운 이들을 구하며,

또 선한善 마음으로 이끌어가는 일들을菩薩 아무도 모르게

스스로의 뜨거운 가슴에 소중히 간직하는 이를 이른다네.

또한 밖으로는 참다운 길道, 법法 등을 올바르게 듣고

영원히 변하지 않는 진리를 깨달아서

이치에 어긋나는 망령된 생각, 잘못이나 허물을 끊고

참다운 마음자리의 터로 돌아가는 이를 이른다네.

이렇듯 안과 밖으로 잘못된 됨됨이를 깨트려 부시고

참다운 길을道 방해하는 모든 이들에게 두려움을 주는 이,

곧 이들을 일러 비록 인간의 몸이지만

그 됨됨이가 큰 사람이라고 부른다네.

006
묘한 물건 하나는

●

이름을 붙여 마음이라고 부르는 물건이 하나 있으니,

누구나 지니고 노는 일체 평등한平等 것이라네.

잠시 돌이켜 생각해 보게나.

이 물건이 색깔이 있어서 만일 하얀색이라면

과연 세상을 무슨 색으로 보겠는가?

물론 하얀색으로만 보겠지.

그러나 보게나.

마음이라 이름 붙인 이 물건 하나가

오만가지 색을 구별 짓고 나누면서 제각각 이름을 붙이지 않던가.

때문에 미묘한 물건이라 이르는 것이라네.

또 이 물건이 모양이 있어서 만일 동그랗다면

과연 이 세상을 볼 때 어떠한 모양으로 보겠는가?

물론 동그랗게 보겠지.

그러나 보게나.

마음이라 이름 붙인 이 물건 하나가

수백만 가지 모양으로 구별 짓고 나누어 밝히면서

제각각 이름을 붙이지 않던가.

때문에 미묘한 물건이라 이르는 것이라네.

그리고 이 물건이 크기가 있어서 만일 종지만 하다면

과연 이 세상을 볼 때 어떠한 크기로 보겠는가?

물론 종지만 하게 보겠지.

그러나 보게나.

마음이라 이름 붙인 이 물건 하나가

강가의 모래알처럼 수억만 가지 크기로 구별 짓고 나누어 밝히면서

이르는 곳곳마다 제각각 이름을 붙이지 않던가.

때문에 이 한 물건을 마음이라 이름 붙이고

지극히 미묘하고도 비밀스러운 물건이라 이른다네.

이르기를

"늘 항상 머무는 깨우침의 성품이란

본래 생겨남이 없고不生 없어짐이 없는 것이라네不滅.

그렇다면 어떤 물건이 하늘보다 높은가?

그래 하늘을 낳은 자가 그 물건이 아니던가.

그렇다면 어떤 물건이 땅보다 두터운가?

그거야 땅을 키우고 기른 자가 그 물건이라네."라고 하였다네.

이르기를

"귀하고 중한 천연물이天然物 짝이 되는 벗도伴侶 하나 없네."라고 하였다네.

이르기를

"내가 가지고 있는 한 물건이

위로는 하늘을 받치고 아래로는 땅을 받친다."라고 하였다네.

이르기를

"하늘과 땅을 움켜쥐고 나왔는데 좁쌀눈만 하였다."라고 하였다네.

이르기를

"하늘과 땅보다 먼저 있던 물건인데 이름도 없고 본래 고요한 것이라네.

그리고 삼라만상의 중심이 되어서

사계절에 걸쳐 시들지 않네."라고 하였다네.

이르기를

"자신과 타인이 똑같은 큰 씨앗種子이다."라고 하였다네.

위에 말한 이 모든 말이 묘한 물건 그 하나를 이르는 것이라네.

007
홀연히 길로道 들어서는 것과頓悟
점차적으로 들어서는 일漸修

●

문득 홀연히 참된 길로道 들어선다고 하는 것은

아둔하고 어리석은 까닭으로 바른 깨우침을 얻지 못한 범부가凡夫

마음이 흐리고 드러난 사물의 이치에 어두울 때는

땅, 물, 불, 바람 등을 스스로의 몸으로 삼고서

이치에 어긋난 망령된 생각을妄想

청정한 마음자리의 터로 삼기 때문이라네.

이러한 까닭으로 타고난 스스로의 성품이性品

깨우침의 참된 몸임을法身 알지 못하고

이름 붙인 마음 밖에서 깨달음을 찾는다네.

그렇듯 망령된 생각의 물결을 따라 오랜 세월 헤매다가

문득 참된 스승의 가르침에 제대로 된 올바른 길을道 만나

말이나 문자에文字 의지하지 않고

오로지 한 마음 한 생각으로 본인 스스로를 자세하게 살펴서

스스로의 참된 마음자리의 터, 곧 본성을本性 보게 되는 것이네.

그러면 이 사람이 지닌 본바탕이

본래부터 이치에 어긋나는 망령된 생각이나 허물이 없으며,

모든 덕을德 다 갖추고 있었던 까닭으로

모든 깨우친 자와 전혀 다름이 없고 또 차이가 없다는 것을 본다네.

때문에 문득 홀연히 참된 길道,

참된 마음자리의 터로 들어선다고 이르는 것이네.

점차적으로 타고난 참된 마음자리의 터로 들어선다는 것은

이미 스스로의 본바탕이 되는 마음자리가

청정함을 알고는 있었으나

세월이 지나는 동안 버릇이 된 성격이나 성질로 인하여

청정함을 잃는다네.

때문에 아낌없이 끌어안고 베푸는 덕,

그리고 참된 길을道 가르치면서

스스로의 참된 마음자리를 가득 차게

또 단단하게 만들어 가는 것이라네.

그러므로 점차적으로 차례를 따라

청정한 마음자리의 터로 들어선다고 이르는 것이네.

oo8

오직 하나뿐인 전체로서의 구멍 總竅

●

지극히 옳고 바른 뜻으로 마음을 다스리고

또 안정시키면서 닦고 행하여 나아갈 마음자리의 터,

이것이 곧 더할 수 없는 '하나뿐인 전체로서의 구멍'이라네.

공부하는 이들에게 있어서 수만 가지로 이름이 붙여지고 불러지지만

모든 것이 다 이 '하나뿐인 전체로서의 참된 구멍'을 이르는 것이네.

도를道 닦은 이들이 이 '전체로서의 구멍'을 필히 밝히지 못하고서

몸과 마음을 다해 닦고 행하여 나아가고자 한다면

만에 하나라도 절대 이룰 수가 없는 것이라네.

다만 그토록 마음이 아파지는 것은

다음 세상에서 부모나 처자의 관계를 떠나

도와의道 인연만을 맺게 될 뿐이기 때문이라네."

때문에 이르기를

"이 도는道, 곧 하나뿐인 전체로서의 참된 구멍은

헤아릴 수 없이 깊고도 미묘한 까닭으로 알기가 어렵다네.

이 미묘한 전체로서의 구멍, 그 현묘한 법을法 구하지 못하면

더할 나위 없이 위없는 참다운 깨우침의 큰 지혜를

끝끝내 이루지 못할 것이네."라고 하였다네.

또 이르기를

"온 세월이 다 지나도록 당신을 배가 터지게 먹인다 하더라도

지극히 헛되고 망령된 세상에空는 떨어질 것이라네."라고 일렀네.

이 전체로서의 구멍,

곧 참다운 마음자리의 터를 모르고 닦고 행하여 나아가는 일을

소경이나 애꾸눈으로 닦고 행하는 것이라고 이른다네.

이렇듯 닦고 행하여 나아간다면

반드시 일생을 헛되게 보내게 될 뿐이라네.

이 전체로서의 구멍은 말로써 가르침을 준 것 외에

달리 별도로 전해주는 것을 의미하며,

다른 여타의 법에서는法 지극히 듣기 어렵다는 것을 이른 것이라네.

때문에 참되게 닦고 행할 뜻이 있는 자는

몸과 마음을 다한 정성과 지극한 덕을 다하면

반드시 밝은 스승이 이끌어줄 것이라네.

이 전체로서의 구멍을 바탕으로

공부를 마친 모든 이들과 공부중인 모든 이들이

다 함께 말미암기 때문에 들어가는 문은 단 하나라고 일렀다네.

또한 이 전체로서의 구멍을 바탕으로 해서

헤아릴 수 없이 깊고도 미묘한 청정한 마음자리의 터에 이르게 되므로

길이라고道 일러 말한 것이네.

옛날이나 지금이나 영리하고 비록 큰 재주가 있더라도

또 깊이 생각함으로써 얻을 수 있는 것이 아니며,

이는 반드시 들어야만 알 수가 있는 것이라네.

때문에 사람들이 서로 의지하며 살아가는 세상에서는 듣기 어렵다고 한 것이

바로 이 하나뿐인 전체로서의 구멍을總竅 이른 것이라네.

텅 비어 아무것도 없는 것 같은 참다운 구멍에

하늘 땅, 불타 중생, 천국 지옥, 인간 축생이 이 가운데서 놀았네.

이 헤아릴 수 없이 깊고도 미묘한 구멍을

막힘이나 걸림 없이 환하게 통하고자 하거든

그저 착한 마음으로 그 자리를 참되게 안정시키고

마주 대하여 드러난 일들을 잘 감당하면서

참된 지혜로 사물의 이치를 환하게 비춰 보는 것이觀照

바로 자네가 하고자 하는 그 공부라네.

비밀스런 가르침의 미묘한 문이總持門

헤아릴 수 없이 깊고도 미묘한 것은 말로써 다 하기 어려우니,

깨우친 이가 도를道 서로에게 전하는 일도

이 가운데, 곧 전체로서의 구멍 가운데로 했다네.

깨달은 자의 진실한 마음과 뜻을 알지도 못하고

까닭이나 하릴없이 쇠신만을 닳게 하면서

동서남북으로 몹시 바쁘고 수선스럽게만 다니고 있다네."

미묘하며 비밀스러운 전체로서의 구멍, 그 현묘한 문이 가장 먼 것이니,

3천년마다 한 번씩 열리는 복숭아가 무의미하게 향기로운 물건이 아니라네.

깊이 숨겨서 잘 간수하여 두고 아무에게나 함부로 보여주지 않는 것은

미친 바람이 미묘한 향기를 휩쓸어 갈까 염려하는 것이라네.

이것과 저것이라는 차별을 없애고

절대 평등의 이치를 나타내는 법의 문이不二門 열려서

하늘과 땅이 밝으니,

삼라만상이森羅萬象 흐릿하지 않고 더욱더 또렷해지네.

쇠로 만들어진 황소가 소리를 냅다 지르며 강남으로 달려가니,

온갖 잡초의 끝마디마다 도를道 전함에 있어 말이나 문자를 쓰지 않고

마음과 마음으로 뜻이 서로서로 통하는相通 일이 밝다네.

009

참다운 마음자리의 터를 그리워하며

●

이름도 없고 드러난 형상도 없는
그러면서 우주에 존재하는 온갖 것의 실체로서實體
지극히 현실적이며 평등하고 차별이 없는 절대 진리라는眞如 물건이
옛날부터 지금까지 허공에 가득 차 있었네.
아득한 법의法 향기를 품은 시냇물이
모든 이의 마음속으로 조용히 흘러들어가네.

이치에 어긋나는 망령된 생각이 일어나면
참된 본바탕의 성품이本性 변하여 크게 바뀌게 되고
본바탕의 성품이 변하여 바뀌게 되면
눈, 귀, 코, 혀, 몸, 뜻의 여섯 가지로 받아들인 아는 일이
마음을 어지럽히는 도적이 되어 사물의 이치에 어두워진다네.
이 마음자리가 흔들리게 되면
이 몸이 주인을 잃고 죽고 사는 돌고 도는 일에 떨어진다네.

깊고도 아득한 우주에 사람의 수가 그지없이 많거늘

그중에 몇 명의 남자가 참으로 대장부이던가?大丈夫

다만 전체로서의 구멍 가운데 단 한 물건도 없게 된다면

내가 없음을 닦지 않더라도 이것이 참다운 공부라 할 수 있다네.

도를道 닦고 또 그 참다운 법을法 얻고자 염원하는 사람은

단연코 몹시 목이 마를 때 물을 찾듯이 행하다가

한 마음으로 오로지 법의 음성 속으로만法音 들어가서

이 법의 음성을 듣고 날뛰면서 슬퍼하거나 기뻐하게 되거든

이러한 자에게만 참된 구멍을 일러 줄 수가 있다네.

도를道 따라
들어가는
참다운 길道

OIO
생각하는 자체를 마음이라 여기는 일은

●

생각하는 그 자체를 마음이라고 여기는 것은

단지 허망하게 들떠버린 생각일 뿐이라네.

때문에 근본이 되는

본바탕이 있고 없음을 따지고 들어가야 할 것이 아닌가.

만일 없었던 법이法 새로 있게 됨으로 인하여 마음이 생기며,

마음과 법이 어우러지는 곳에 따라 마음도 있다는 생각,

이러한 생각의 근본이 되는 본바탕이 없다면

마음과 법이란 한낱 그 이름만이 있게 되는 것이 아닌가.

그저 헛된 이름일 뿐이라네.

명명백백한 일이라네.

만일 그 근본이 되는 본바탕이 있다면 어디에 있는 것인가라고

스스로에게 물어보고 본인 스스로의 몸을 찔러보아서

본래 있지 않는 것임을 몸소 체험하게 하여

그 근본이 되는 본바탕이 본래부터 없다는 사실을

밝게 알아야 한다네.

OII

음식을 말로만 하고 먹지를 않으면

●

도를道 알아가는 중요한 점은

듣고 생각하며 닦고 행함으로써

모든 잡다한 생각을 버리고

마음을 고르게 가다듬어 한곳에 머물게 하고正定

움직이거나 흩어지지 않는 참다운 구멍에 들어가는 일이라네.

단지 듣기만을 즐겨 하고

생각하거나 닦아서 행하지 않으면 끝내 이루어지지 않는다네.

때문에 듣기만 하고 닦고 행하지 않는 것은

마치 음식을 말로만 하고 먹지를 않는 것과 같다고 이르는 것이네.

현세에 도를道 배우거나 배우려는 자들은

듣는 것만을 자랑삼아 내세우면서 위신만을 세운다네.

때문에 바르고 참된 것을 잃어버리면서

참된 길을 저버리고 등을 돌리고서는 뉘우치지 않는 자가 많다네.

OI2

마음을 다잡고 가야 할 길이기에道

●

마주 대하여 드러난 사물이

비롯되는 근본 바탕을 잃고

소리만을 따르며 덧없는 세월을 보냈던 것이 몇 년이던가?

본래 드러난 온갖 만법은萬法

두루 원만하며 그 어느 곳 하나라도 막힘이나 걸림이 없이

밝고 환하게 통하는 것이라네.

옛 성인을 기억하고 깊이 생각해보니,

듣는 일을聞 통해서

미묘하고도 텅 빈 곳으로妙空 들어가도록 가르쳤다네.

깨우침을 얻은 이들이 항상 머무는

신령한 산을靈山 멀리서 찾지 말아야 하는 것이니,

신령한 산은 제각각의 마음속에 있는 것이라네.

사람마다 신령한 산의 금강 탑을 지니고 있는 것이니,

이 신령한 금강 탑 아래에서 닦고 행하여야 할 것이라네.

큰 도의大道 뿌리와 줄기를 아는 이가 많지 않거늘

세상에서는 매일 쓰고 있다네.

누가 이 일을 환하게 알 것인가?

그대를 위해서

닦고 행하는 마음자리의 참된 구멍을 가리키니,

그 하나뿐인 전체로서의 구멍이

눈썹이 반달처럼 휘어져 있다네.

도법의道法 바퀴가 돌고자 한다면 돌도록 해야 한다네.

본인 스스로의 몸속에 있는 것을….

다만 사람들이 그 누구도 영영 보지를 못한다네.

도법의 바퀴가 힘차게 돌아가거든 멈추지 말아야 하는 것이니,

생각마다 떠나지 않으면

법의 바퀴는法輪 스스로의 힘으로 돌아간다네.

옛날 깨우친 이들이 나오기 이전에는

비롯됨이 없는 곳으로부터無始 하나의 모양이 둥그렇게 엉키어 있었네.

마침 당신에게 권하는 것이니,

말 속에서 가르친 출입구에道門 대한 비결은

참된 사람이 아니면 함부로 전하지 말아야 한다네.

013
정신이 흐려지고 갈피를 잡지 못하는 까닭

●

정신이 흐려지고 처할 바 없이 헤매는 것은

마음과 몸 가운데에 사물을 맡아 처리하는

실질적인 바탕이 있다고 믿는 자신에 대한 집착이我執

우두머리가 되기 때문이라네.

이는 곧 음탕함과 죽이는 일, 도둑질과 망령된 것들이 몸이 되어서

마음을 시끄럽게 만들고 떠들썩하게 만들며煩惱障

고요한 생각에서 벗어나게 한다네.

또한 마주 대하여 드러난 모든 법에 집착하는 일이法執

우두머리가 되는 것이니,

이는 사랑과 미움, 어리석음과 게으름 등이 이 몸이 되어서

참다운 이치를 아는 밝은 지혜를若般 찌는 듯이 무더운 곳으로 내몰고

밝고 참된 지혜에서 벗어나게 하기 때문이라네所知障.

자신에 대한 집착과 법에 집착하는 일이 길을道 막고

태어남과 죽음에서 벗어나지 못하게 하며,

참된 이치를 밝게 아는 바탕을理性 덮어서

참된 도의 길이 드러나지 않게 막아버린다네.

때문에 이 두 가지의 집착,

곧 나에 대한 집착, 법에 대한 집착을 끊고

스스로의 텅 빔과我空 법의 텅 빔을法空 깨달아 얻는 것이

제일 먼저 중요한 일로 삼아야 한다네.

나에 대한 집착이란我執

곁가지 끝의 사사로운 견해나 망령된 집착에 싸여

깨닫지 못한 상태를 이르며,

이는 곧 번뇌의 바탕이 되고 소위 말하는 제6의 의식을意識 이른다네.

법에 대한 집착이란法執

사물이 비롯되는 본바탕의 이치에 어긋나는

견해나 망령된 집착에 싸여

깨닫지 못한 상태를 이르며,

모든 번뇌가 비롯되는 바탕이 되는 것이고

이는 곧 제7의 의근식이면서意根識

제6의 의식이 근거하며 의지할 곳을 이르는 것이라네.

이 두 가지의 텅 빔은我空法空

우주에 존재하는 온갖 것의 모든 인연으로 모여서 생기는 존재이며,

사물의 밑바닥에 있지 못하며 지속적이지 못하고

변하지 않는 것이 없다네.

정신이 흐려지고 갈피를 잡지 못하는 까닭이 이것이라네.

참된 도의 눈은道眼

곧 거짓이 없고 바르며 밝게 보는 것을眞見 이르는 것이 아닌가.

참된 도의 눈은道眼 헤아릴 수 없이 깊고도 미묘한

밝은 마음으로 말미암아 일어나는 것임을 알아야 한다네.

014

도에道 들어가는 비밀한 가르침

●

도에道 들어가는 중요한 첫째 문은

되받아 듣는 일이라네反聞.

모쪼록 스스로의 마음에 말채찍을 가하여

스스로 들어야만 한다네.

그렇게만 한다면

몸과 마음을 다한 애쓴 보람과功 그 많은 쓰임새를用

헛되게 써버리지 않더라도

그 많은 소리들 중에서 바르게 듣는 일을

맥없이 놓치지는 않을 것이라네.

되받아 듣는 일이反聞

비결 중에서도 가장 참된 비결이라 하는 것이니,

밖으로 할 일 없이 다른 것을 쫓아서 따라다님을

간절하게 말리고 또 말리고 말린다네.

고요하고 고요한 마음의 길이 끊어지면

여덟 가지의 소리가 귀에 가득하더라도

소리는 티끌 같은 잡다한 생각이煩惱 되지 않는다네.

첫째는

밝은 지혜로 자세하며 주의 깊게 비춰 보는 것이니觀,

마음속의 눈으로

마음 밖에 마주 대하여 드러난 바탕으로서의 모양이나 상태를

깊이 있게 들여다보기는 보되

어디로 하여 있게 된 것이며,

또 어디로 해서 없어지는가를 자세하게 살펴야 한다네.

또한 깊게 들여다보아서 지극히 살펴보면

곧 진실함과眞實 허망함을虛妄

서로 구별 짓고 나누어 밝히면서

분명하게 가름할 수 있을 것이라네.

둘째는

거짓이 없이 바르면서 참된 것은 늘 한결같은 것이나,

헛되고 망령된 일에 가려진 것이라네.

거짓이 없이 바르면서 참으로 참된 것과

헛되고 망령된 것을

서로 구별 짓고 나누어 밝히면서 분명하게 가름한다면

그 속에서 깨달음이 생겨나는 것이니,

헛되거나 망령됨을 끝내 벗어나지 않더라도

올바르고 참된 공을眞空 얻을 수 있을 것이라네.

셋째는

잡다한 모든 생각을 버리고

마음을 가다듬어 한곳에 머물게 하면서

움직이거나 흩어지지 않게 하는 것이니定,

거짓이 없이 올바르며 참된 것을 잃지 않으면

헛되거나 망령된 것이 생기지 않을 것이라네.

눈, 귀, 코, 혀, 몸, 뜻의 6가지 뿌리가 비롯되는

근본이 되는 바탕이란

본래 고요한 물처럼 맑은 것이라네.

이것이 바로 선정이므로禪定

태어남과 죽음을 벗어날 수 있을 것이라네.

넷째는

바르고 참된 지혜를慧 이르는 것이니,

마음을 한곳에 머물게 하여

움직이거나 흩어지지 않음으로써 한곳에 마음을 쓰면

어느 정도 얽매이는 일이야 있겠지만

지혜로서 이끌고 다스리면

그 참된 지혜는

막히거나 걸림이 되는 일이 없을 것이라네.

이는 마치 작은 소반에 있는 옥구슬과 같아서

소반이 움직이거나 흩어지지 않는 것이라면定

구슬은 지혜를 이르는 것이라네.

다섯째는

밝게 비추는 일을 이르는 것이니明,

마음을 한곳에 머물게 하여

움직이거나 흩어지지 않는 것과定

올바르고 참된 밝은 지혜가慧

서로 어울린 다음에야 밝게 되는 것이라네.

이렇듯 만물을萬物 비치게 되면

만물이 드러난 바탕으로서의 모양이나 상태를

스스로 숨길 수는 없을 것이라네.

이는 마치 크고 둥근 거울과 같아서

응하는 일은 있어도 감정은 없는 것이라네.

여섯째는

하나라도 막힘이나 걸림이 없이 환하게 통하는通 것이니,

지혜에 이르게 되면 곧 밝아지고

밝아지면 어둡지 않고

밝은 곳에 이르면 곧 통하고

통하면 곧 막힘이나 걸림이 없는 것이라네.

막힘이나 걸림이 없다는 것은

변하면서 또 다르게 바뀌는 일에 있어서

거리낌이 없으며 마음대로 한다는 것이네.

일곱째는

올바른 길로 이끌고 인도하는 것이니濟,

막히거나 걸림이 없이 통하는 힘은

항상하지 않는 까닭으로

생각에 따라 응하고 변하면서

변하는 바탕으로서의 모양이나 상태는 일정한 것이 없다네.

또한 구하는 데에 따라 나타나는 것이니,

이는 큰 자비로움을 가지고

하나로써 만을萬 이끌고 참다운 길로 인도해야 한다네.

여덟째는

버리고 또 버리는 것을捨 이르는 것이니,

 중생을 고통에서 구해내고 인도를 했다면

이끌던 큰 자비도 버려야 한다는 것이네.

고통이라는 것은 사실

거짓 없이 바르고 참된 것이 아니듯

자비라는 것도 역시 거짓이 아니던가.

사실은 중생 가운데 이끌고 인도할 자가

단 한 명도 없다는 것이네.

되받아 듣는 일의 듣는 성품이聞性 두루 원만하고

막힘이나 걸림이 없이 환하게 통하여 나타나니,

죽고 사는 중요한 모든 것의 주된 일이

번개처럼 달려 나가버리네.

그 가운데

헤아릴 수 없이 깊고도 미묘한 경지를 알고자 한다면

삼경에三庚 새로운 달이 환하게 밝을 때라네.

두루 원만하며 막힘이나 걸림이 없이

환하게 통하는 출입구는 긴요한 곳이 매우 넓다네.

능히 듣는 일도能聞 아직 이룬 적이 없거늘

그 무슨 소리로 인한 티끌 같은 번뇌가 있겠는가.

땅속에서 우르릉거리며 울리는 낙뢰 소리가

꿈속에서와 같은 수많은 삶의 사람들을 불러일으킨다네.

마음속의 듣고 보는 일로

근본 바탕이 되는 마음자리의 터를 찾아서

찾고자 하는 그 마음이 모두 다 없어져야

참된 마음을 볼 것이라네.

참된 마음은 환하게 밝은 까닭으로

하늘, 땅, 사람을 두루 통하는 것이니,

밝고 참된 지혜로서 큰 도의 마음과道心

은연중 서로 꼭 들어맞는다네.

마주 대하여 드러난 바탕으로서의 모양이나 상태가 있고

또 구하고자 하는 일도 있다면

이 모든 것이 다 헛되고 망령된 것이라네.

또한 마주 대하여 드러난 바탕으로서의 모양이나 상태가 없고

보는 일이 없더라도

이 또한 마침내는 한쪽으로 치우친 것으로

메마른 곳에 떨어질 것이라네.

어엿하고 번듯하며 매우 빽빽하게 차 있다네.

어떻게 틈이 날 수 있으랴.

한 줄기 싸늘한 빛이 크나큰 허허함을太虛 녹인다네.

참된 구멍을
좇아
들어가는 길道

015
헤아려 가려내는 일

●

깨달음의 바다는覺海

그 성품이 밝고 맑으며

모난 데 없이 두루 원만하다네.

맑은 깨우침은 본래

헤아릴 수 없이 깊고도 미묘한 이치라네.

비롯되는 본바탕의 밝은 것이元明 비추어

그럴듯한 쓰임새를 이루게 된다네.

이렇듯 쓰임새가 이루어지게 되면

본래부터 밝게 비춰주던 성품은 없어진다네.

사물의 바른 이치에 어두워

갈피를 잡지 못하고 헤매는 일로 인하여

허공이 생기고 이 허공에 기대어 이 세계가 이루어진다네.

또한 바른 이치에 어긋나는 망령된 생각이 뒤엉켜서

국토가國土 생기는 것이며 헛되고 망령되게 아는 일을

밝게 비추어 알고 깨달아 얻은 것이 중생이라네.

허공이 큰 깨우침 가운데서 생기는 일은

마치 바다 한가운데서 물거품이 한번 일어나는 것과 같다네.

잡다한 번뇌에 휩싸여 알아볼 수 없을 만큼

매우 작은 티끌 같은 국토가

모두 이 허공으로 말미암아 생기는 것이라네.

물거품이 없어지면 허공도 본래 없어지는 것이니,

더구나 중생이 살아가는 이 세상에

달리 이렇다 저렇다 할 세계가 있을 수 있겠는가.

비롯되는 본바탕의 큰 뿌리로本元 돌아가면

성품은 둘이 아니라네.

그러나 방편으로서 들어가는 문은 헤아릴 수 없이 많이 있다네.

성인의聖人 성품은

본시 두루 원만하며 막힘없이 환하게 통하는 것이므로

순하게 따르는 일과順

거스르는 일이逆 모두 다 방편이라네.

때문에 처음에 일으킨 마음을初發心 가지고

고요한 삼매에三昧 들어가려 한다면

그 빠르거나 더딤이 서로 같지가 않은 것이라네.

016
눈, 귀, 코, 혀, 몸, 뜻을六根 가려냄

●

본다는 성품이 아무리 환하게 통한다고 하더라도

앞으로만 밝을 뿐이지 뒤로는 밝지 못하다네.

또한 마주 대하여 드러난 동서남북은 되돌아볼 수 있지만

사유의思惟 세계는 하나에 또 반이 모자란다네.

그런데 어떻게 두루 원만하며 막힘이나 걸림이 없는

밝고 환하게 통하는 것을 얻을 수 있겠는가."

코로 숨을 쉬는 일은鼻息

나가고出 들어오는 일에入 있어서

두루 원만하게 걸림 없이 통하지 않던가.

또한 서로 마주 대하여 드러나 보이는 앞에서는

서로 엇갈리면서 주거니 받거니 하지 않던가.

그러나 만물이萬物 나고 자랄 수 있는

생육의生育 본바탕을 지니고 있지 못하다네.

그리고 서로 갈라지고 흩어지는 상태支離,

곧 생사가生死 코로 들어오는 일에 있어서

서로가 얽히는 일이 절대 없다네.

그런데 어떻게 두루 원만하며 막힘이나 걸림이 없는

밝고 환하게 통하는 것을 얻을 수 있겠는가.

혀로써 무언가를 받아들이는 일에 있어서는

아무런 까닭이나 이유 없이 받아들이는 것이 아니라네無端.

맛을 통해야만 알 수가 있는 것이니,

맛이 없다면 혀로 아는 일이 없다네.

그런데 어찌 두루 원만하며 막힘이나 걸림이 없는

밝고 환하게 통하는 것을 얻을 수 있겠는가.

몸이란身 만지거나 맞닿아 느끼며 아는 일에 있어

마주 대하여 드러난 바탕으로서의 사물,

곧 그 모양이나 상태와 같은 것일 뿐이라네.

삼라만상 제각각 두루 원만한 깨달음을 보고

또 생각하는 바를覺觀

담을 수 있는 바탕으로서의 참된 그릇이 아니라네.

이 몸과 마주 대하여 드러난 사물을 보면

안과 밖으로 정해진 분명한 경계가 있어

서로가 어울리지를 못한다네.

그런데 어떻게 두루 원만하며 막힘이나 걸림이 없는
밝고 환하게 통하는 것을 얻을 수 있겠는가.

뜻이나 생각, 아는 일의 바탕이 되는 뿌리는知根
잡다한 생각, 어리석은 생각들이 뒤섞여서
참으로 밝은 지혜를 보지 못하게 만든다네.
때문에 사물의 바른 이치에 어긋나는 헛된 생각과妄想
망령된 생각을妄念 벗어나지 못한다네.
그런데 어떻게 두루 원만하며 막힘이나 걸림이 없는
밝고 환하게 통하는 것을 얻을 수 있겠는가.

017

물질, 소리, 향기, 맛, 느낌, 법을六塵 가려냄

●

물질로부터 비롯된 티끌 같은 번뇌는色塵

사물의 바른 이치에 어긋나는 망령된 생각이妄想

서로 맺거나 합하여 이루어진 것이므로

몸과 마음을 다한 정성어린 밝은 것으로도精明

뚫을 수가 없는 것이라네.

그렇듯 영리하고 기억력이 좋은 성품과

사물의 바른 이치에 어두운 이 두 가지를 가지고

어떻게 두루 원만하며 막힘이나 걸림이 없는

밝고 환하게 통하는 것을 얻을 수 있겠는가.

목구멍으로부터 나오는 소리는聲塵

어지럽게 뒤섞인 말과 글일言語 뿐이라네.

이는 단지 사물의 이름을 드러내어 나타내는 것과名詞

한 토막의 말이나 글의 뜻을句節 나타내는 것일 뿐이라네.

단 한마디의 말 속에

일체를 모두 다 쓸어 담을 수 있거나

모든 것을 다 넣을 수가 없는 것이니,

어떻게 두루 원만하면서 막힘이나 걸림이 없는

밝고 환하게 통하는 것을 얻을 수 있겠는가.

향기로 인한 티끌 같은 번뇌는香塵

코 속에서만 어울려야 알 수가 있는 것이고

향기가 코를 떠나면

향기로 인한 티끌 같은 번뇌는

본래 처음부터 있는 것이 아니라네.

이렇듯 늘 항상하지 않는 것이니,

어떻게 두루 원만하면서 막힘이나 걸림이 없는

밝고 환하게 통하는 것을 얻을 수 있겠는가."

"맛을 볼 수 있는 성품이란

본래 있는 것이 아니라네.

혀로 맛을 보는 그때만 있는 것이 아닌가.

때문에 맛을 느끼는 일이란

늘 항상함이 없는 것이니,

어떻게 두루 원만하면서 막힘이나 걸림이 없는

밝고 환하게 통하는 것을 얻을 수 있겠는가."

만지거나 맞닿아 일어나는 느낌은感觸

마주 대하여 드러난 사물의 모양이나 상태로 인하여

밝혀지는 것이고

마주 대하여 드러난 사물이 없다면

만지거나 맞닿아 일어나는 느낌을

밝힐 수가 없다네.

서로가 서로 어울리는 것과

서로가 서로를 떠나는 일에 있어서

그 드러난 성품이 늘 한결같지 않는 것이니,

어떻게 두루 원만하면서 막힘이나 걸림이 없는

밝고 환하게 통하는 것을 얻을 수 있겠는가.

법이란法 안으로의 티끌 같은 번뇌라고內塵 한다네.

법이 안의 티끌 같은 번뇌로 인한 것이라면

반드시 머물 곳이 있을 것이라네.

그렇다면 마주 대하여 드러난 안으로의 적극적인 것과能

마주 대하여 드러난 밖으로의 소극적인 것은所

서로가 널리 통하지 못하는 것이 아닌가.

그런데 어떻게 두루 원만하면서 막힘이나 걸림이 없는

밝고 환하게 통하는 것을 얻을 수 있겠는가.

018

눈, 귀, 코, 혀, 몸, 뜻으로 아는 일을六識 가려냄

●

마주 대하여 드러난 바탕으로서의 모양이나 상태를

서로 구별 짓고 나누어 밝히면서 아는 일이란識見,

근본적으로 바탕이 되는 뿌리와根

마주 대하여 드러나는 경계境,

그리고 아는 일의識

이 세 가지가 맺거나 합하여 뒤섞인 것이라네.

그 아는 일이 비롯되는 본바탕을 따지고 보면 사실

마주 대하여 드러난 바탕으로서의 모양이나 상태가 아니라네.

드러난 모양새, 또 스스로의 됨됨이가 되는 바탕이自體

아는 일로서 애당초 정해진 것은 없다네.

그런데 어떻게 두루 원만하면서 막힘이나 걸림이 없는

밝고 환하게 통하는 것을 얻을 수 있겠는가.

마음으로 두루 환하게 통하여 듣는 일이心聞

막힘이 없이 무한한 세계로十方 통하는 것은

크나큰 인연의 힘으로 생긴 것이라네.

처음에 마음을 일으킨 것으로는初心

들어갈 수 없는 참다운 마음자리의 터라네.

그런데 어떻게 두루 원만하면서 막힘이나 걸림이 없는

밝고 환하게 통하는 것을 얻을 수 있겠는가.

코로 향기를 맡고 일어나는 생각과鼻想 아는 일은

많은 종류, 그 인연이나 바탕이 되는 상태의

주가 되는 바를 권하는 것일權機 뿐이라네.

이는 향기를 단지 마음으로 붙들어 머물게 한 것이며,

그 머물게 하는 것이, 곧 아는 일이

향기가 머물 곳을 이룬 것일 뿐이라네.

그런데 어떻게 두루 원만하면서 막힘이나 걸림이 없는

밝고 환하게 통하는 것을 얻을 수 있겠는가.

입으로 법을法 말하면서

목구멍으로부터 나오는 소리와 글월을

바탕이 없이 놀리는 것은

깨달아 아는 일을 앞서 이룬 자라네.

마주 대하여 드러난 사물의 이름을 나타내는 것과名詞

한 토막의 말이나 글월은句節

잡다한 생각으로 번뇌가 따르지 않던가.

그런데 어떻게 두루 원만하면서 막힘이나 걸림이 없는

밝고 환하게 통하는 것을 얻을 수 있겠는가.

마땅히 지켜야 할 행동규범을戒律 지키고

끝끝내 어기지 않는 것은

단지 제 몸만을 다잡고 보살피는 것뿐이라네.

몸이 아니면 몸과 마음을 다한 주의를 기울여

다잡고 보살필 것이 없는 것이라네.

이 몸 하나가

본래 일체 모든 것에 두루 원만하지 못한 것이라네.

그런데 어떻게 두루 원만하면서 막힘이나 걸림이 없는

밝고 환하게 통하는 것을 얻을 수 있겠는가.

모든 일에 있어서

헤아릴 수 없이 신기하고

막힘이나 걸림이 없이 환하게 통하는 일은神通

본래 전생의宿生 인연이라네.

이것이 법을法 서로 구별 짓고 나누어 밝히는 일과法分別

서로 얽힐 수 있는 무슨 까닭이 있겠는가.

생각과 인연은

사물의 바탕을 이루는 세상사를 벗어나지 못하는 것이라네.

그런데 어떻게 두루 원만하면서 막힘이나 걸림이 없는

밝고 환하게 통하는 것을 얻을 수 있겠는가.

019

땅, 물, 불, 바람, 봄, 아는 일,
텅 빔으로 아는 것을七大 가려냄

●

만일 땅의 큰 성품으로地大
자세히 살펴보고 주의 깊게 들여다본다면
굳게 엉켜서 막히거나 걸림이 되어
밝고 환하게 통하지를 못하지 않는가.
또한 여러 가지 인연이 맺거나 합하여
생겨나고 없어지는 일이 끊이지 않는 바탕은
성인의聖人 성품이 아닌 것이라네.
그런데 어떻게 두루 원만하면서 막힘이나 걸림이 없는
밝고 환하게 통하는 것을 얻을 수 있겠는가.

만일 물의 큰 성품으로水大
자세하게 살피고 주의 깊게 들여다본다면
마음속에 품고 있는 여러 가지 생각들은想念
거짓을 바탕으로 바르고 참된 것이 아니라네.
여여如如(자연 자연한 물의 흐름)라고 하는 것은

깨달음으로 비추어 보고 생각하는 것이覺觀 아니라네.

그런데 어떻게 두루 원만하면서 막힘이나 걸림이 없는

밝고 환하게 통하는 것을 얻을 수 있겠는가.

만일 불의 큰 성품으로火大

자세하게 살펴보고 주의 깊게 들여다본다면

있는 것을 싫어하는 일이

참으로 벗어난 것은 아니라네.

처음 마음을 일으킨 일로서初心

행하여야 할 방편은 아니라네.

그런데 어떻게 두루 원만하면서 막힘이나 걸림이 없는

밝고 환하게 통하는 것을 얻을 수 있겠는가.

만일 바람의 큰 성품으로風大

자세하게 살펴보고 마음을 다해 깊게 들여다본다면

움직이는 것과動

움직임이 없이 고요한 것의靜 두 가지는

마주 대하여 드러난 모양이나 상태가 없는 것이 아니라네.

이 마주 대하여 드러난 모양이나 상태로는

더할 나위 없이 위없는 깨우침이無上覺 될 수 없는 것이라네.

그런데 어떻게 두루 원만하면서 막힘이나 걸림이 없는

밝고 환하게 통하는 것을 얻을 수 있겠는가.

모든 행하여야 할 바를 행하는行 일은

늘 항상함이 없는 것이며無常,

생각하는 성품이란

본래 생겨나고 없어지는 것이 아니던가.

원인과 결과로서因果

지금 만지거나 서로 맞닿아 아는 일이感知

제각각 서로 다르다네.

그런데 어떻게 두루 원만하면서 막힘이나 걸림이 없는

밝고 환하게 통하는 것을 얻을 수 있겠는가.

만일 서로 구별 짓고 나누어 밝히는

아는 일의 큰 성품으로識大

자세하게 살펴보고 마음을 다하여 깊게 들여다본다면

이 자세히 살피고 주의 깊게 들여다보는

아는 일의 바탕이 되는 성품은識性

늘 항상 머무는 것이常住 아니라네.

마음을 붙들어 둔다는 것은 바른 이치에 어긋나는 것이며

매우 헛되고 망령된 일이 아닌가.

그런데 어떻게 두루 원만하면서 막힘이나 걸림이 없는

밝고 환하게 통하는 것을 얻을 수 있겠는가.

만일 텅 빈 것의 큰 성품으로空大

자세하게 살펴보고 마음을 다하여 깊이 들여다본다면

공은空 본래 어지럽게 흩어진 것이고

바른 이치에 어두워 무딘 것일 뿐

애당초 깨달음이覺 아니라네.

깨달음이 아니라면

맑고 밝은 지혜와는菩提 전혀 다른 것이 아니겠는가.

그런데 어떻게 두루 원만하면서 막힘이나 걸림이 없는

밝고 환하게 통하는 것을 얻을 수 있겠는가.

020

귀의 뿌리를 요긴하게 가려내어 택함

●

이 세상에서

거짓이 없이 바르고 참된 가르침의 본바탕은敎體

허물이나 번뇌가 없으며

맑고 깨끗한 소리를 듣는 데 있는 것이라네.

잡된 생각을 버리고

마음을 가다듬어 한곳에 머물게 하며,

움직이거나 흩어지지 않는

마음자리의 참된 터인

'하나뿐인 전체로서의 구멍'을 얻고자 한다면

사실 듣는 그 가운데로 들어가야 할 것이라네.

참된 것이란

모든 사람들이 조용히 쉬고 있을 때

천지사방에서天地四方 한꺼번에 큰북을 치면

여러 곳에서 한때에一時 듣는 것과 같은 것이라네.

이는 곧

전혀 모남이 없이 두루 원만한圓 것이며,

정녕 거짓이 없이 바르고 참된 것眞實이라네.

021

막힘이나 걸림 없이 환하게 통하는 일의 참됨

●

눈이란

담장 밖의 것을 보지 못하며,

입과 코도 또한 그러한 것이라네.

몸은

만지거나 맞닿아서 맺거나 합해야만

비로소 아는 것이며,

마음과 생각은 뒤섞이어 어수선한 까닭으로

일의 차례나 갈피를 잡을 수 없으나 제아무리 담장이 가렸더라도

담장 밖 소리의 울림을 듣는다네.

물론 멀거나 가깝거나 모두 다 듣는 것이라네.

눈, 코, 입, 몸, 뜻이

모두 다 능히 익숙하게 잘하지는 못하지만

이는 곧 막힘이나 걸림이 없이 두루 원만하게

밝고 환하게 통하는 일로서

거짓이 없으며 바르고 참된 것이라네.

022

밝아지는 계기

●

지금 사람들이 모여 사는 세상과

이 사람들이 의지하는 산, 하, 대지의 세계는

소리의 참된 뜻과 참되게 아는 일을

서로 주고받은議論 다음에야 밝힐 수가 있다네.

사람들이 본래의 듣는 일은 알지 못하고

소리만을 따라가는 까닭으로

쉼 없이 흐르고 바뀌게 되는 것이라네流轉.

사람들이 아무리 오래토록 분명하게 잘 기억한다고 하더라도

종당에는 바른 이치에서 어긋나며,

교묘하게 속이는 생각에 떨어지는 일을

피하지 못할 것이니,

이 일이 어찌 밝지 못한 것에 빠져서

헤어나지 못함을 따르기 때문이겠는가.

때문에 쉼 없이 흐르고 변하여 뒤바뀌는 일을 제대로 돌이켜야만

헛되고 망령된 일이 없게 될 것이라네.

023

늘 항상함의 참됨

●

목구멍으로 내는 소리는音聲

그 성품에 있어서 움직임과動 고요함이靜 있다네.

때문에 듣는 그 가운데서

있음과有 없음이無 이루어지는 것이라네.

소리가 없으면 들리지 않는다, 라고 할 뿐이지,

듣는 성품이 없다는 것은 참으로 아니라네.

소리가 없더라도

없어진 것이滅 아니며,

소리가 있더라도

생겨난 것이生 아니라네.

생겨남과 없어짐을 모두 다 벗어난 것이니,

이는 곧 늘 끊이지 않고 항상하며,

거짓이 없이 바르고 참된 것이라네.

지금 비록 꿈을 꾸고 있는 중이거나

생각하지 않는다고 없는 것은 아니라네.

깨우침의 일정한 원리에 의지하여

주의 깊게 비추어 마음을 다해 이루어진 일은覺觀

생각하는 것에서 벗어나

몸이나 마음으로는 미칠 수가 없는 것이라네.

024

듣는 일을 돌이켜 살피게 함

●

자네는 지금 자세하고 분명하게 들어야 한다네.

눈을 속이는 기술처럼

생각으로 미루어 헤아릴 수 없는

참된 구멍에 대해 말하고자 하네.

자네가 비록

깨우친 모든 이들이 베풀어 말한

일체의 모든 비밀스러운 법문을 들었다고는 하나,

탐내거나 누리고자 하는 마음의 큰 번뇌를_{慾漏}

제일 앞서서 없애지 못하였다네.

때문에 많이 듣는 것만이_{多聞} 쌓이고 쌓여서

크나큰 잘못이나 허물이 되었다네.

많이 듣는 것만을 지니어 가지고

또 깨달음의 참된 법을 지키면서

어찌하여 스스로가 들음을 듣는 참된 성품을_{聞聞}

이렇듯 알지 못하는가.

025
잡다한 생각에서 벗어남

●

듣는 일이란

본래 자연으로부터自然 생긴 것이 아니고

소리로 인하여

그 이름이 있게 된 것이라네.

필히 듣는 일을 되돌려

소리의 굴레에서 참으로 벗어나

번뇌로 인한 고통과 걱정이 없이 편하게 되면

이러한 굴레에서 벗어날 수 있는 일을

무엇이라고 이름을 붙일 수 있겠는가?

단 하나의 뿌리가 되는 바탕이一根

본래 마주 대하여 드러난 사물의 뿌리가 비롯되는

본바탕의 처음으로本源 돌아가면

눈, 귀, 코, 혀, 몸, 뜻이六根

모진 굴레에서 크게 벗어남을 분명히 이룰 것이라네.

026

이치를 가려내고 깨우침을 잡게 함

●

이렇듯 보고 듣는 일이란

허깨비와 같은 것이라

망령되게 흐려지는 것과 같으며,

이내 사람들이 살아가는 세계가

허공에 피는 꽃과 같다네.

보고 듣는 일이 참으로 밝게 되어

비롯됨이 없는 본바탕의 허물없는 상태로 되돌리면

흐려짐이 없어지고

티끌 같은 망령된 잡다한 생각이

사라져 없어지게 되면

깨달아 아는 일이覺 맑아질 것이라네.

027

굴레에서 벗어남을 보임

●

맑은 것이

더할 나위 없이 극진하면

밝은 빛이

막힘이나 걸림이 없이 환하게 통하는 까닭으로

고요하게 비추는 일이 허공을 머금는다네.

다시금 돌아와

사람들이 서로 의지하며 살아가는 세상을 보니

마치 꿈속의 일과도 같다네.

누구나 할 것 없이 꿈속이었거늘

누가 자네와 같이 생긴 모양으로

그 바탕이 되는 몸에

머물게 할 수 있겠는가.

비유를 들어 말하자면

마치 이 세상은

도깨비 같은 요술쟁이가 만들어 놓은

남자나 여자와 같아서

비록 모든 것의 바탕이 되는 뿌리가根

움직임을 보이더라도,

꼭 중요한 점을 들어 말한다면

하나뿐인 참된 법의 바탕이 되는 뿌리를機根

가려내는 일에 달린 것이라네.

그 하나뿐인

참된 법의 바탕이 되는 뿌리에 멈춰

움직이지 않게 하면

속임으로 이루어진 모든 것이

없어지게 될 것이라네.

때문에 눈, 귀, 코, 혀, 몸, 뜻도六根 이와 같은 것이니,

본래는 하나로서

자세하며 밝고 올바른 바탕이었으나精明

이것이 나뉘어서 여섯 가지가

서로 맺거나 합하는 것이라네.

단 한 곳이라도

사물이 비롯되는 본바탕의 밝은 상태와 같이 되면

이 여섯 가지가 짓고 만드는

쓰임새가作用 모두 이루어지지 않는다네.

그러면 티끌과도 같은 번뇌와 허물이塵垢

생각을 마주 대하여 응해서 없어지고

두루 원만하게 밝아지면서圓明

깨끗하고 미묘하게淨妙 될 것이라네.

남아 있는 티끌은 모두 배워야 하겠지만

밝음으로 비추는 일에

더할 나위 없이 몸과 마음을 다하면

이것이 곧 깨우친 자라 이른다네.

028

보태고 더한 후 매듭을 지음

●

듣는 이들은 모두 다 들어야 하는 것이니,

거꾸로 듣는 기관을 되돌려서

듣는 일을 돌이켜 스스로의 성품을 들으면

그 성품은

더할 나위 없이 위없는 도를_{無上道} 이룰 것이라네.

두루 원만하면서 막힘이나 걸림이 없이

환하게 통하는 일은 사실 모두 이러하다네.

바로 이것이

티끌 같이 아주 작은 완숙한 깨달음의 한 길로서

모든 번뇌에서 벗어난 경지인

'하나뿐인 전체로서의 참된 구멍'으로 들어가는 문이라네.

과거의 모든 깨우친 이들도

이 구멍에 의지하여 목적한 바를 이루었고

지금 깨달음을 얻는 이들도 제각각

두루 원만하게 밝은 곳으로 들어갔으며,

미래에 닦고 공부하려는 이들도

마땅히 이 구멍에 의지해야 할 것이라네.

번뇌를 벗어난 청정한 마음자리를 이루고자 한다면

들음을 듣는 일이 최고이며.

그 나머지 모든 방편은 영원히 닦아야 할 배움이라네.

얕거나 깊거나

함부로 전하여 말할 법은法 아니라네.

029
크게 열린 후의 한 구절

●

젊었을 때 고향을 떠나
타향에만 익숙해져
온 세상을 얼마나 돌았던가?
하루아침에 문득 집으로 돌아가는 길을
밝게 알게 된다면
비로소 일의 중간에서 세월이 오래 되었음을
참으로 깨달아 알 것이라네.

들어가는 문의 머리와
말아 내린 구멍의 꼬리가
드러내어 나타내는 일이
몇 천 가지로 서로 다르다는 것을 알았다 하더라도
아직은 집에 이르지 못하였다네.
밝은 달빛이 비춰지는 집 앞에
그림자 없는 나무가無影樹

병신 하니 등신 하네

얼어붙은 추운 겨울 하얀 눈이 내리는 밤에

홀연히 붉은 꽃을 피웠네.

마음에서 마음으로 전하는 법을

바로 가리킨 것은 그 비밀스런 뜻이密意 깊은 것이니,

본래 성품도 아니고

본래 마음도 아니라네.

등불을 켜는 기록을 분명히 받지 않더라도

자연히 신령한 빛이 있어

옛적부터 지금까지 늘 빛나고 있었네.

깨우친 이들의
위치와
자리를 보임

030

마르지 않는 지혜의 터 乾慧地

●

마주 대하여 드러난 사물의 바탕이 되는

모양이나 상태와 서로 맞닿아 짝하지 않는다면

허물어뜨리거나 해롭게 하는 바탕이 눈앞에서 끊어지고

다시는 생기지 않을 것이라네.

또한 마음속에서 집착하는執心 일이 그저 속빈 강정이 되어

순수한 지혜만이 남을 것이라네.

지혜의 성품이慧性 밝고 두루 원만해지는 까닭으로

무한한 세계가 환하게 되고

지혜가 더 이상 마르지 않는 마음자리를 이른다네.

모든 법의法 참됨을 아는 지혜의般若 신령한 구슬,

그 오묘함을 생각으로는 헤아려 알기가 어려운 것이니,

참된 마음자리의 터,

그 끝없는 바다에서 스스로 문득 알게 될 것이라네.

숨어 있거나 눈앞에 나타나거나

늘 한결같이 참된 마음자리의 터에서 머무는 것이니,

안과 밖으로 밝게 빛나는 빛이

모두 다 참된 믿음의 힘이라네神力.

이 신령한 구슬은 작지도 않고 크지도 않지만

밤과 낮을 가리지 않고

밝은 빛으로 모두에게 빠짐없이 비춰준다네.

찾을 때는 이렇다 할 물건도 없고

저렇다 할 자취는 없으나

앉거나 누울 때를 가리지 않고 늘 환하다네.

깨달은 이가 일찍이 귀와 눈을 밝게 하였으나

참되게 이루어지는 것이 없더니,

얽어맨 모양이나 상태로서 무심한 가운데 문득

하나의 구슬을 얻었다네.

볼 수 있거나 들을 수 있는 일이란

사실을 따지고 보면 모두 거짓이라네虛僞.

깨우친 이가 문득 얻은 이 구슬을

보배로운 구슬이라 비유하고 가리키니

이를 취하려는 많은 사람들이

따스한 봄날 깊은 연못에 빠졌다네.

그냥 돌덩이를 가지고

어찌 보배로운 구슬로 삼으려 하는가?

삼라만상이 밝은 빛 속에서 나타나니,

바탕이 되는 몸과體 쓰임새가用

여여하여如如 굴려도 구르지를 않는다네.

수만 가지 긴요한 것을 마음속에서 끊어 버리니,

일체 모든 시간을 통해서

미묘하고도 자세한 방편일 뿐이라네.

눈, 귀, 코, 혀, 몸, 뜻, 이 여섯 도적을 없애버리고

수만 가지 마음의 속됨을 없애버리고

나라는 바탕의 모양이나 상태를 뽑아버리고

강물처럼 흐르는 마음을愛河 말려야 한다네.

어진 여자는龍女 깨우친 이에게 절하고

마음이 가난한 아이는

옷자락에 걸려서 몇 번이나 넘어졌던가.

비록 말로다 성품이네 마음이네 이렇듯 이름을 붙여 부르지만

성품도 마음도 아닌 물건이

예나 지금을 초월했다네.

참으로 '하나뿐인 전체로서의 구멍'이 밝을 때는

참으로 밝은 것을 얻지 못하더니

지금 새삼 아쉬운 마음으로 무척이나 그리워한다네.

그 오랜 세월 동안 한자리에서 움직이지 않고

도대체 무슨 일을 이루고자 하였던가?

고철로 만든 황소를 희롱하면서

스스로 닦고 행할 마음자리의 터를 세웠다네.

어젯밤 삼경을三庚 지나 몸을 떨치고 나가니,

으르렁거리는 우렛소리가 온 세상에 가득하다네.

뜰 앞에 한그루의 잣나무가

뿌리도 없이 이곳저곳에 나고 있네.

철로 만든 소가 으르렁거리는 곳에

깊은 밤중에도 밝은 빛으로 환하다네.

한그루의 그림자 없는 나무를

활활 타오르는 불구덩이에 옮겨 심었다네.

삼 개월의 봄비를 빌리지 않고도

붉은 꽃을 활짝 피웠다네.

도를道 배운다는 일은

나무를 서로 비벼서 불을 얻은 일과 같은 것이니,

연기를 피웠더라도 쉬지 말아야 한다네.

새벽닭이 울 때까지 기다려야

집으로 돌아갈 때 비로소 머리 꼭대기에 이른다네.

늙거나 젊음은 이 둘 모두가

참된 것이 아니라네.

서로 두루 원만하게 밝아야만이

비로소 친할 수가 있는 것이라네.

불붙은 화로에 넣고

단단히 붙여 꼭 봉한 다음에

법대로 바람의 바퀴를風輪 돌려야 한다네.

애정과情 뜻이 있는 씨앗을 심어

그 터에 다시 열매가 열린다네.

애정과 뜻이 없으면 씨앗도 없는 것이니,

성품이性 없으면 생겨남도生 없을 것이라네.

031
꼭 전하고 싶은 말

●

깨달음의 성품을 알고자 한다면
마땅히 알맞은 때를時節 알아야 한다네.
만일 알맞은 때에 이르게 된다면
바른 이치가 자연스럽게 드러난다네.
처음 도에道 들어갔을 때, 곧 마음자리에 들어갔을 때
깨달음이 물처럼 흐르는 법과法流水 접하지 못하면
단지 마르지 않는 지혜만이乾慧 있을 뿐이라네.
때문에 닦고 단련하는 올바른 길을 밟기 위하여
더디거나 급하지 않게 365일을 놓치지 말고
절조 있는 행위를 자세히 살피고 밝게 잘 알아야 한다네.

032

10신十信
차례에 따른 참다운 마음자리 須陀恒의 因緣과 果位

●

믿음을信 맨 처음의 인연으로 삼고 바탕으로 두는 것은
순수하고 참되면서 망령된 일이 없는 것을無妄 신이라 하며信,
또한 서로가 응하는 일을相應 믿음이라고信 한다네.
이 믿음을 바탕으로 참다운 마음자리의 터,
이 터의 미묘하게 두루 원만한 도를中中妙圓 살펴서
순수하고 참되게 만들면서 망령된 일이 없게 해야만 한다네.
그런 후 행함을 일으켜 마음과 법이 서로 응하게 되면
궁극의 깨우침이等覺, 妙覺 아무리 멀다 하더라도
곧바로 나아갈 수 있는 것이라네.

태어나고 죽어가는 일 속에서 참으로 마음을 내어
참다운 마음자리의 터를 구하려는 생각이 굳어지면
잠시 동안만의 공과 덕이 끝이 없는 까닭으로
한없는 세월을 두고도 다 말할 수가 없다네.

믿음은信 도와道 공과 덕의 어머니로서

모든 착한 법을 키워서 늘려주고

의심으로 망설이는 일을 없게 만들어

더할 나위 없는 지혜를 드러내 준다네.

믿음은信 마음을 맑게 하고 생사를生死 여의어

교만함을 없애주고 공손하고 겸손함을 높여주며,

마음자리를 찾은 가장 좋은 일로서

지극히 깨끗한 손으로 덕행을德行 받는다네.

믿음은信 수만 가지 고집스러움을 없애주고

헤아릴 수 없는 참다운 법을 밝게 알게 하며,

수백 가지 공과 덕을 이루게 하여

깨달음의 높은 경지에 올라서게 한다네.

믿음은信 모든 선한 근기를善根 분명하게 하고

견고한 그 힘을 그 무엇으로도 깨트릴 수 없게 하며,

온갖 악행을 없애면서

깨우친 자의 공과 덕에 이르게 만든다네.

믿음은信 참다운 법에 전혀 막힘이 없이 통하고
수만 가지 어려운 일을 여의게 하는 힘이며,
잘못이나 허물, 또 유혹을 벗어나
위없는 밝은 마음자리의 터를 보여주는 힘이라네.

믿음은信 견고한 공과 덕의 씨앗으로서
제일가는 지혜의 나무가 이 터에서 나고 자라며,
더할 나위 없는 지혜를 길러주어
선지식들을 아낌없이 뵙도록 한다네.

믿음이信 굳어지면 바탕이 되는 뿌리가 깊어지고
사물의 이치에 밝고 깨끗하며 흘리지 않는다네.
나쁜 지인은 멀어지고 선지식과 친해지며,
한량없는 공과 덕을 닦게 된다네.

OI. 믿음으로 가득한 마음자리. 信心

믿음으로 가득한 마음자리, 그 가운데로中中 흘러 들어가면
두루 원만한 이치가 미묘하게妙圓 열릴 것이라네.
이 두루 원만한 미묘함으로부터 거듭 더하여야 하는 것이니,

미묘하게 참된 것을眞妙 생겨나게 해야만 한다네.

이러한 까닭으로 미묘한 믿음이妙信 늘 항상 머무르며常住

일체 모든 망령된 생각을 끊어서 없애버리고

어느 한쪽으로 치우치지 않는 온전한 도가中道

순수하고도 참되게 되는 일을 이르는 것이라네.

이를 "믿음으로 가득한 마음자리에 머무른다."고 한다네. 信心住

잡다한 마음을 버리고 다함이 없는 지혜를乾慧 얻었다 하더라도

아직은 범부의凡夫 위치에 남아 있는 까닭으로

도에道 입류하지는入流 못한 것이라네.

때문에 깨우침의 지혜로운 바다,

그 마음자리의 터 가운데로 흘러 들어가서

그 어느 한쪽으로 치우치거나 막히는 일이 없으면

미묘하게 두루 원만한妙圓 참다운 구멍이 열리게 된다네.

그러나 아직도 전에 배워 익힌 망령된 일이 남아있는 까닭으로

두루 원만한 일이 참되지 못하다네.

때문에 두루 원만한 미묘함으로부터妙圓 거듭 원만함을 더하여

믿음으로 가득한 마음자리를 항상 머물게 해야만 한다네.

이렇듯 일체 모든 망령된 생각을 없애버려야

참다운 마음자리, 그 가운데의 도가道 순수해지고

참되게 되어 망령된 일이 없을 것이라네.

때문에 "믿음으로 가득한 마음자리에 머무른다."고 한 것이라네.

모든 위치나 자리가 이로 인하여 있는 것이며,

또 이를 바탕으로 거듭 나아가는 것이고

이 외에는 달리 다른 법이란法 없다네.

마음자리가 크거나 작거나 높거나 낮거나에 따라

참되고 미묘한 법에妙法 믿음으로 의지해야 하는 것이며,

배워 익힌 바른 도에道 어긋나는 의심을惑習 다스려야 한다네.

단 한 번이 아닌 여러 번 거듭 갈고 닦아서

아주 작은 티끌마저도 없애 버리면

미묘한 깨달음의 자리에妙覺 오를 것이라네.

한가롭게 편히 앉아 있는 이 아득함은

그 어느 성인도聖人 알 수가 없는 것이라네.

제아무리 그 어떠한 물건도 없다고는 하나

마주 대하여 드러난 것과는 서로 견주어 보게 된다네.

돌로 만든 사람이石人 나무로 만든 박을 치면서

저 하늘 구름 속에서 춤을 추고

나무로 만든 여자는木女 피리를 입에 걸치고

저 깊은 물속에서 즐겁게 불고 있다네.

02. 생각으로 가득한 마음자리. 念心

참된 믿음을信 바탕으로 막힘이나 걸림이 없이

두루 원만하게 통하는 일을圓通 이루었다네.

지금 지니고 있는 이 육신이六身

막힘이나 걸림이障 되지 못한다네.

또한 과거, 현재, 미래의 세월 속에서

몸을 버렸다가 다시 몸을 받아 배워 익힌

일체의 기운이 눈앞에 나타나게 된다네.

믿음을 바탕으로

그 모든 기억들을 생각하고 잊지 않는 일을

"생각으로 가득한 마음자리에 머무른다."고 한다네. 念心住.

앞으로 찾아올

저녁노을이 지는 아름다운 서쪽을 바라보니,

바람은 잦아들고 구름은 사라져

온갖 드러난 경치가 눈이 시리도록 맑다네.

전생의 인연으로宿命因

모든 번뇌가 다함을漏盡 이르는 것이니,

한 점 지혜로운 빛이智慧 둥근 달처럼 떠오른다네.

생각으로 가득한 마음자리가

참되고 밝아지는 까닭으로

일체를 두루 원만하게 통하였다네.

찰나의 이 몸이 막힘이나 걸림이 되지 않으니,

능히 전생에서 배워 익힌 것들을 환하게 비추어

단 하나라도 빠짐이 없이 생각을 다스리는 것이라네.

03. 몸과 마음을 다하여 나아가는 마음. 精進心

걸림이나 막힘 없이 미묘하게 두루 원만한 것이妙圓

꾸미는 일 없이 참되고純眞

참으로 밝은 것이眞精 서로 위하고 합하는 기운을 일으켜

지난날 배워 익힌 기운을

비롯됨이 없는無始 본바탕 하나로 통하게 한다네.

이렇듯 자세하고 분명하게 밝아지면精明

오로지 자세하고 분명하게 밝아진 일만을 가지고

허물이나 번뇌가 없는 참으로 맑고 깨끗한 곳으로

거듭 더하여 나아가는 일을

"몸과 마음을 다하여 나아가는 마음이다."라고 한다네. 精進心.

꿈속에서 얽매여 당하는 일이란

본래 있었던 일이 아니라네.

이와 같이 병이 든 눈으로 바라보는

허공에 흩날리는 꽃들도 사실 없는 것이라네.

순수한 부드러움으로陰火 욕심 많은 흉악함을 불사르고

깨달음의 그지없는 덕을梵德 닦으면

굳세고 움직임이 없는 붉은 물에서赤水

고요하게 빛나는 현묘한 구슬을玄珠 얻을 것이라네.

깊고도 헤아릴 수 없이

두루 원만하게 통하는 미묘한 성품이圓通性

미리 앞서서 순수하고 참되게 되면

배워서 익힌 잘못이나 허물, 망령된 것들이

모두 뒤바뀌어 한결같이 밝고 자세하게 된다는 것이네.

또한 일점 허물이나 번뇌가 없이

맑고 깨끗한 곳, 곧 비롯됨이 없는 본바탕으로 나아가

행하는 것을 따르는 일이 서로 뒤섞이지 않음으로

몸과 마음을 다하여 나아간다고 하는 것이라네. 精進

04. 지혜로운 마음. 慧心

마음자리의 맑고 아름다운 것이心精
곧바로 눈앞에 나타나서
온전하게 순수한 지혜가 되는 일을
"지혜로운 마음이 머무른다."고 한다네. 慧心住.

바라는 바 없이 놓아버리니
텅 빈 세계가空界 매우 좁다는 것을 알겠고
바라는 바 없이 거두어들이니
자연스럽게 좁쌀눈만한 구슬이 생기는 일을 보았다네.
지혜는 쓰지 말고
몸과 마음을 다해 부지런히 닦고 단련하면
늙은 일을 되돌려 아이로 돌아가는 일이
점차 이루어지게 될 것이라네.

배워서 익힌 망령된 일이 이미 다했으므로
맑고 아름다운 마음이 눈앞에 곧바로 나타나서
거듭 더하여 나아가야進趣 한다는 것이네.
이는 꾸미거나 인위적으로 가꾼 것이 아니며
단지 온전하게 순수한 지혜로서

단순히 배워 익힌 기운이習氣 아니라는 것이라네.

05. 움직이거나 흐트러지지 않는 마음. 定心

참다운 지혜의 밝은 것만을 골라잡아서

어느 곳 하나 빠짐없이 골고루 맑고 고요하게 만들어

이 고요함의 미묘한 일이寂妙

늘 한결같이 엉겨 있는 일을

"움직이거나 흐트러지지 않는 마음에 머무른다."고 한다네. 定心住

맑고 고요함의 미묘한 바탕이 되는 뿌리가

맑은 까닭으로 환하게 열려서

눈이 시리도록 밝으니,

사람이 살아가는 세상의 전세, 현세, 내세가三有

모두 다 빠짐없이 밝은 빛을 받는다네.

옛날과 현재가 뒤바뀌어 흐르고 있지만

서로 전혀 이지러지거나 어긋나는 일 없이

마주 대하여 드러난 사물의 바탕이 되는

모양이나 상태에 거침없이 응하고

인연을 따라서 한결같이 밝은 것이라네.

지혜가 참으로 참되게 맑아지면

마땅히 마음이라는 한 물건을 가다듬어

움직이거나 흐트러지지 않는 정으로써定 지키고

고요함의 미묘한 바탕이 되는 뿌리를 늘 엉기게 하여

변하지 않게 지켜야만

이를 움직이거나 흐트러지지 않는 마음이라고

말할 수 있는 것이라네.

o6. 뒤로 물러나지 않는 마음. 不退心

잡스러운 마음을 가다듬어

움직이거나 흐트러지지 않는 정의定 빛이

눈이 시리도록 맑고 밝은 것을 일으켜

밝은 성품에明性 깊숙이 들어간 까닭으로

오로지 앞으로 나아가기만 하고

절대 물러서지 않는 일을

"뒤로 물러나지 않는 마음이다."라고 한다네. 不退心

깨달음의 요긴한 일과覺機

사람의 일이 서로 친한 까닭으로 텅 빈 것이空

오로지 하나뿐인 전체로서의 참다운 구멍에 이르자

스스로가 바르고 참된 것을 얻었다네.

선인과도仙人 같은 아이가仙童

저 멀리서 가리키며 웃고 있는데

북한산 꼭대기로 뜬 달이

어찌하여 반달이 되었던가.

지혜의 빛이 고요하게 한강의 모래톱을 비치니,

성인이나聖人 범부가凡夫 다 같은 한 식구라네.

단 하나의 생각이 일어나지 않으면

전체로서의 참다운 구멍이 드러나 보이고

눈, 귀, 코, 혀, 몸, 뜻이六根 조금이라도 움직이면

안목이 짙은 구름에 가려지게 될 것이라네.

위의 모든 구절은

모든 것이 온힘을 다해 나아가는 일에進力 속하는 것이라네.

비유하자면

나무를 심어놓고 몇 년이고 북돋아 길러야만

뽑히지 않는 힘이 생기는 것과 같다네.

곧 온힘을 다해 나아감으로

움직이거나 흐트러지지 않는 정과定 지혜가慧

쌍으로 하여 뒤를 따르게 한 것이라네.

처음에는 잡스러운 마음을 가다듬어

움직이거나 흐트러지지 않는 일로써定

지혜를 일으키고 이 참된 지혜로

고요하고 맑은 곳에 이른 까닭으로

막힘이나 걸림이 되는 물건이 없는 것이며,

다음은 지혜로써慧

움직이거나 흐트러지지 않는 일을 일으켜定

밝게 통하는 데에通徹 이르렀기 때문에

막힘이나 걸림이 되는 물건이 없는 까닭으로

도에道 깊숙이 들어갔다는 것이라네.

대체로 움직이거나 흐트러지지 않는 정과定 지혜慧 중에서

하나라도 빠지면 공을功 아주 많이 잃게 된다네.

그러므로 움직이거나 흐트러지지 않는 정과定 지혜慧가

서로 보탬이 되어주고

생겨남에 있어서 다함이 없는 까닭으로

오로지 나아가기만 하고

"뒤로 절대 물러나지 않는다."라고 한 것이라네.

07. 법을法 보호하고 굳게 지키는 마음. 護法心

한 마음으로 오로지

몸과 마음을 다한 온 힘을 다하여 나아감이精進

지극히 편안하고 자연스럽기에

이 마음을 보호하고 지니고 또한 지키면서持守

절대 잃어버리지 않는다네.

이러한 까닭으로 무한한 세계의十方世界 깨우침을 바탕으로

느끼는 모양이나 상태와 서로 마주 맞닿아 접촉하는 일을

"법을 보호하고 굳게 지키는 마음이다."라고 한다네護法心.

단 한 조각 헛되고 실속이 없는 밝은 빛은

본래 미묘하고 두루 원만한 것이라네妙圓.

그 가운데는 바른 것도 아니고

달리 뭐 기울어진 것도 아니라네.

보배로운 산봉우리에 상서로운 기운이瑞氣

바탕이 되는 사소한 장애물에도根障 불구하고

또 봄을 기다리지 않고도

드러난 자태와 색깔은 자연히 산뜻하고 밝다네.

이미 깊숙이 들어간 까닭으로

보호하고 지니어 지킬 수가 있다는 것이네.

때문에 무한한 세계의 도가道

모두 다 같은 모양새가 된 까닭으로

서로 마주 맞닿아 접촉하는 모양이나 상태가

깨달음의 법과 꼭 들어맞는 일을

"법을 보호하고 굳게 지킨다."라고 한 것이라네.

o8. 되돌려 향하는 마음. 回向心

깨달아 아는 밝은 일을覺明

보호하고 지니어 지킨 미묘한 힘으로써

능히 깨우침의 자비로운 빛으로慈光 되돌리는 일과

깨우침을 향해 편안하게 머무는 일이安住

두 개의 거울 빛이 서로 마주 대하는 것과 같다네.

이렇듯 그 가운데 미묘한 그림자가妙影

서로 거듭해서 거듭 들어가는 일을

"되돌려 향하는 마음이다."라고 한다네. 回向心

세월을 넉넉히 벗어난

신령한 산의 그림자 없는 나무가無影樹

가지 끝마다 꽃과 같은 화사한 달을 달고

온 대지를 봄으로 되돌린다네.

옥으로 만든 화로에玉爐

맑은 술을正法 달여 마시고

봄이 오는 저 언덕에서

참다운 법의 소리에 맞춰

살아있는 춤을 덩실 춘다네.

법을 굳게 지키려는 마음으로護法心 인하여

공부에 힘을 더하고 또 다하여 나아가

참된 깨달음과 합하였다네.

이 미묘하게 깨달아 아는 바를 밝게妙覺明 얻어서

지니어 보호하고 지키면서 잃지 않는다는 것이라네.

그러므로 미묘하게 되돌려 향하면서

깨우침의 자비로운 빛을 거듭 되돌리는 일은

공부의 결과인 열매를果 되돌려 원인으로因 향한다는 것이네.

또한 깨우침을 향해 편안하게 머무는 일은

원인을 되돌려 결과인 열매로 향한다는 것을 이른다네.

때문에 원인과因 결과가果 서로 뒤섞이면서

바탕이 되는 몸과體 쓰임새가用 서로 합하기 때문에

두 개의 거울에 비유하여 말한 것이라네.

09. 계를 지키는 마음. 戒心

"마음자리의 밝은 빛을 되돌려서密回

깨우침이 늘 한결같이 이루어지고 단단해지며,

움직이거나 흐트러지지 않는 참된 마음자리로서

일점 허물이나 번뇌가 없는

미묘하고도 깨끗한 위없음을無上妙淨 얻었다네.

이로써 꾸미거나 가꾸지 않는

있는 그대로無爲 편안하게 머물면서 절대 잃지 않는 일을

"계를 지키는 자리에 머무는 마음이다."라고 한다네. 戒心住

여여한如如 북한산을 뜻에 따라 따르다 보니,

마주 대하여 드러난 사물의 경계가

고요한 까닭으로 세상사를 잊게 한다네.

한 점의 신령한 빛은

본래 안이나 밖이 없는 것을

다섯 개의 전각 위에五臺

흰 구름만 한가롭게 자욱하기만 하다네.

깨달은 이의 자비로운 빛을 되돌림으로 인하여

그 빛을 스스로에게서 얻게 되었다는 것이네.

때문에 깨우침이 늘 한결같이 이루어지고 단단해지며,

미묘하고도 깨끗한 위없음을 얻었다고 이른 것이라네.

이는 늘 한결같이 이루어서 단단해지면

마주 대하여 드러난 사물의 바탕이 되는 모양이나 상태를 대하더라도

절대 움직이거나 흐트러지지 않으며,

일점 허물이나 번뇌가 없이 미묘하게 깨끗하면

먼지로 가득한 티끌 속으로 들어가더라도 물들지 않게 되어

계를 지키는 마음이戒心 이루어질 것이라네.

10. 바라고 원하는 대로 되는 마음. 願心

마땅히 지켜야 할 행동규범에戒

편안하게 머무는 일이安住 스스로 자유롭게 되어서

무한한 세계로 돌아다니면서도

발길 닿는 곳마다 원하는 대로 이루어지는 일을

"바라고 원하는 대로 되는 마음에 머무름이다."라고 한다네. 願心住

밝게 빛나는 신비로운 모양이神光

만공창해를滿空蒼海 찌르는 일은

모두 다 그 당시에 가려내어 단련한 공이라네功.

오랜 세월이 지난 지금에 와서

오래전 지난밤의 꿈을 깨게 된다면

머리를 들어 곧바로

주인이 되는 노인네를 보게 될 것이라네.

마주 대하여 드러난 사물의 바탕이 되는 모양이나 상태를 대하더라도

움직이거나 흐트러지지 않으며

티끌 속으로 들어가더라도 물들지 않는 일을

"마땅히 지켜야 할 계에 편안하게 머무는 일이

스스로 자유롭게 된다."라고 한 것이라네.

움직이거나 흐트러지지 않으며 물들지 않는 까닭으로

어디를 가나 옳지 않음이 없으므로

무한한 세계를 돌아다닐 수 있다는 것이라네.

033

다시 한 번 꼭 전하고 싶은 말

●

도를道 닦고 행하는 처음은

반드시 욕심을 버려야 한다네.

이렇게 한 후 마음자리의 성품이

본래 거짓이 많고 근거가 없음을 밝게 한 다음,

능히 참다운 법의 흐름에 들어가서

미묘하게 두루 원만한 성품을妙圓性 열게 된다네.

그리고 성품의 참된 일이 밝고 두루 원만해지면

배워 익힌 잘고 세세한 것이細習 나타나게 된다네.

이것을 다스려서 닦고 행함을 일으키는 것이며,

순수한 지혜로써 잘고 세세한 것을 없애버려야 한다네.

또한 마음을 가다듬어

움직이거나 흐트러지지 않는 일로써定 지니어 지키며

맑고 고요함으로 눈이 시리도록 밝은 빛을 일으켜야 한다네.

그리고 도에道 깊이 들어가

이를 보호하고 지키면서 잃지 않아야

깨우친 이의 자비로운 빛을 되돌려

참다운 구멍의 일점 허물이나 번뇌가 없는

맑고 깨끗한 계를戒 얻을 수 있는 것이라네.

이로 인하여 티끌 속에 들어가더라도 물들지 않고

발길 닿는 곳마다 원하는 대로 이루어질 것이라네.

이것이 곧 십신의十信 누진통을漏盡通

목적한 바대로 이루게 되는 일이라네.

034

십주十住
차례를 따라 마음자리에 머무름 斯陀含의 因緣과 果位

●

믿음으로부터信 향해서 들어가고
깨달음의 집에 태어나서 머무는 바 없는 지혜로
영원히 물러나거나 돌아가는 일이 없기 때문에
'머무름'이라고 한다네. 十住

01. 마음을 일으킨 자리에 머무름. 初發心住

올바르게 공부하는 이가 참된 방편으로
이 열 가지 마음을十心 일으키고
몸과 마음을 다한 지극한 마음이心精 빛을 일으켜서
열 가지 쓰임새로十用 들어가
두루 원만하게 오로지 한 마음을 이루는 일,
이를 "마음을 일으킨 자리에 머문다."라고 한다네. 發心住

만나기 어려운 참다운 깨우침의 법을法 듣고

또 끝없이 고통을 받은 사람들을 보고

도를道 구하려고 마음을 내는 마음자리라네.

때문에 모든 지혜를 얻으려고 몸과 마음을 다하면서

열 가지 지혜의 힘을 얻고

열 가지의 참된 법을 배우며,

선지식을善知識 가까이 섬긴다네.

또한 참다운 법문을法文 들어서

고통을 받은 사람들의 의지할 바가 되며,

한번 들은 법은 다른 누구의 도움을 받지 않더라도

스스로 깨달아 얻은 마음자리를 이른다네.

진해의鎭海 밝은 구슬은 광산에서鑛山 나는 것을

몸과 마음을 닦아 익숙하게 만드니

한 물건이 스스로 동그랗게 되었다네.

만일 옛날의 온갖 지혜와 믿음을爐冶 거치지 않았다면

지금 화려하게 빛나는 꽃으로

그 향기가 깊숙한 곳까지 빠짐이 없이

맑고 밝게 풍기는 일을 얻을 수 있었겠는가.

옛날에 지니고 있던 거울을 닦으면서

다시 옛날 방법을 찾으니,

눈을 크게 뜨자 밝은 태양과 더불어

그 찬란한 빛을 서로 다투고 있다네.

집으로 가는 길을 환하게 비추어 주니,

이름 없는 길 가운데 이뤄진 마음을 가리켜서

고향이라고 이르지 말게나.

우리의 종사가宗師 이른 말씀과 구절이 있는데

금으로 만든 칼로 도려내도 열리지가 않는다네.

헤아릴 수 없이 깊고도 깊은 미묘한 그 이치는

옥녀가玉女 한밤중에 아이를 밴 것이라네.

도를道 배운다는 일은

나무와 나무를 비벼서 불을 얻는 일과 같은 것이니,

연기를 언뜻 보거든 문득 쉬어야 한다네.

금성이金星 나타나기를 기다리지 말아야 하는 것이니,

몸도 태우고 머리도 태우게 될 것이라네.

제멋대로 굴에서 뛰쳐나온 사자새끼가

으르렁거리며 있는 위엄을 다하니,

수많은 여우가 하릴없이 겁을 낸다네.

깊고도 깊은 창과 방패를干戈 가지고(뱃속에 살아있는 자식을 비유)

움직임이 없는 곳에 다다라

천마를天馬 지니어 타고서 외도로外道 돌아간다네.

천척千尺 크기의 참다운 법을 적어 곱게 드리우니,

한번 파도가 움직이면

만 번의 파도가 따라서 움직인다네.

고요한 한밤중에 물은 차갑고

고기는 그물에 걸리지 않으니,

배에 밝은 달만 가득히 싣고 돌아온다네.(쓰임새의 여러 가지를 비유한 것임)

참된 방편이란 마르지 않는 지혜,

곧 간혜지를乾慧地 말하는 것이며,

열 가지 마음이란 십신을十信 이르는 것이라네.

열 가지 마음을十心 모두 일으켜서

두루 원만하게 오로지 하나의 마음을一心 이룬다는 것이네.

그리고 깨우친 이가 이룬 지혜의 위치에 머물기 때문에

"마음을 일으킨 자리에 머무른다."고 한 것이라네.

02. 바로잡아 다스리는 마음자리의 터에 머무름. 治地住

참다운 마음자리 가운데서 밝은 빛을 일으키는 일이

맑은 유리병 속에 잘 갈무리된 금을 넣어둔 듯이 하면

앞서의 미묘한 마음을 디디고 서서

참다운 바탕이 되는 자리를地盤 끝내 이루는 일을

"바로잡아 다스리는 마음자리의 터에 머무른다."고 한다네." 治地住

모든 중생들을 위하여 바라는 바 없이

자비로운 마음으로 구하고 보호할 생각을 내는 마음자리이며,

열 가지 참다운 법을 배우면서 탐욕을貪慾 버리는 선정을 닦고

밝은 도의道 깊고 깊은 미묘한 이치를

막힘이나 걸림이 없이 환하게 통달하는 마음자리라네.

또한 단 한 번 들은 법이라도

스스로의 힘으로 그 미묘함을 깨달아 얻는 마음자리라네.

"하나의 물건으로서 밝은 구슬이明珠

옛적에 걸치던 옷자락에서 떨어지니,

목동이木童 주어서 광주리에 담고 돌아가 버리네.

옛 곡조는 소리 없이 간 곳을 모르는데

어느 누가 듣고 감히 답할 수 있겠는가.

시냇가에 머물고 있는 늙은이가

빙그레 웃고만 있다네."

"철로 만든 소가鐵牛 바다 깊은 곳에서

휘영청 둥근 달을 물고 멀리 달아나고

바위 앞에 돌로 만든 사자가石虎

제 새끼를 품에 안고 졸고 있다네.

어지럽게 흩날리는 꽃비와

앞으로 일어날 일에 대한 것은

우레 소리 한 번에 구천을九天 이룬다네."

"마음 가운데 밝은 것을 일으키는 일이

유리병 속에 잘 갈무리된 금을 넣어둔 듯하다." 라고 한 것은

마음을 가다듬어 밝고 자세하게 된 것을

빛을 일으키는 일에 대해 빗대어 이른 말이라네.

이 밝고 세세한 빛을 디디고 서서

참된 터를眞基 이루는 까닭으로

"바로잡아 다스리는 마음자리의 터에 머무름"이라고 한 것이라네.

이를 달리 비유를 하자면

집을 짓고자 할 때

먼저 집터부터 잡고 연 후에 공사를 시작할 수 있는 것과 같다네."

03. 닦고 행하는 마음자리에 머무름. 修行住

"참다운 마음자리의 터에,心地 들어가는 일과

아는 것을 모두 밝게 깨달아 얻음으로 인하여

무한한 세상에 돌아다니거나 머무는 일에 있어서

막힘이나 걸림이 없이 환히 통하게 된 일을

"닦고 행하는 마음자리에 머무른다."고 한다네." 修行住.

모든 법이 일정한 형태나 모습이 없이

모든 집착에서 떠나 초연한 것이고

때론 괴롭고 텅 비어 있으며,

"나라고 할 것이 없고 즐거움 없다."라는 것들의

열 가지를 세밀하게 관찰하는 마음자리라네.

또한 열 가지의 법을 배우면서

모든 중생들과

온갖 법과

많은 세계들을 구별 짓고 나누어 밝히며,

법을 듣고 스스로의 힘으로 깨달음을 얻는 마음자리라네.

"과거 현재 미래에 하나의 화살이

그 위엄을 드러내니,

한밤중에 태양이金鳥 바다 속으로 날아간다네.

땅을 뚫어버리고 하늘로 통하는

오르거나 내려가는 길을 함께 가고 함께 머물며

늘 한결같이 서로 의지하기가 매우 좋다네.

마음속의 밝고 자세하며

거울같이 맑은 것으로 인하여

법의 참다운 터를法基 닦아 이루었다네.

때문에 들어가는 일과 아는 일을 모두 깨달아 얻으면

마음자리의 쓰임새에 따라

닦아 나아가거나 머무는 일에 있어서

막힘이나 걸림이 되는 일은 없을 것이라네.

04. 귀하게 태어나는 자리에 머무름. 生貴住

행하는 일이 위없는 깨달음을 얻는 이와 같으며,

깨달은 이가 느끼는 모양이나 상태를 받는 일이

마치 죽고 난 후 다시 생을 받은 49일 동안中陰身

스스로 부모를 구할 때

음신이陰信 통하는 듯이 한 까닭으로

참된 구멍의 바탕이 되는 성품으로 들어가는 일을

"귀하게 태어나는 자리에 머무른다."고 한다네." 生貴住

올바른 가르침의 법에서敎法 태어나

위없는 깨달음의 법을 믿고

이를 끝까지 연구하고 또 따라가는 마음자리라네.

움직이거나 흐트러지지 않는 고요한 마음으로써

중생과 세계와 나고 죽은 것과

열 가지의 참다운 법을 배우면서

위없는 깨달음의 법문을 닦고 넉넉히 갖추어

모든 깨달은 이들을 평등하게 들여다보는 마음자리라네.

또한 들은 법을 스스로 깨우치는 마음자리이기도 하다네.

한 알의 씨앗이 싹을 피우자

갈림길이 모두 부서져 나가고

성스러운 잉태가聖胎 이로부터 시작되는 것이니,

점차 차례를 따라 사지가四肢 생겨난다네.

참으로 선한 도를善道 거듭하여 자주 닦으면

나머지 싹이 떨어질 것이니,

단전으로丹田 되돌아들자 새벽이슬이 더해진다네.

미묘하게 행하는 일이妙行

아무도 모르게 은밀히 서로 꼭 들어맞으면

미묘한 이치가 부드럽게 맞닿아 느끼며 응하는感應 까닭으로

깨달음의 가문에 태어나게 되어

법왕의 종족이 된다는 것이라네.

때문에 귀하게 태어나는 자리에 머무른다고 한 것이라네.

중음이란中陰 부드럽게 맞닿아 느끼면서

응하는 이치를 비유한 것이며,

몸은 이미 죽어있고

다시 태어나는 몸을 아직 부탁하거나 의지하지 않는 중간을

중음이라고中陰 이른다네.

05. 여러 가지 편리한 방편을
충분하게 갖춘 곳에 머무름. 方便具足住

"이미 도를道 잉태하여道胎

스스로 깨달음을 이어받아 받드는 일이

마치 부녀자가 아이를 가진 일로써

사람의 바탕이 되는 모양이나 상태가

아무런 결함이 없는 듯, 온전하게 된 일을

"여러 가지 편리한 방편을 충분하게 갖춘 곳에 머무른다."고 한다네. 方便
具足住

열 가지 법을 듣고 닦아서 얻은 선한 마음자리로

중생을 구하고 보호하며 이롭게 만드는 마음자리라네.

또한 중생들이 나고 죽은 데서 벗어나

참된 지혜를 얻게 하며, 열 가지 법을 바르고 참되게 배우면서

수많은 중생들이 잘못이나 허물로 인하여

스스로의 성품을 잃어버린 것을 알고

중생들의 마음을 깨끗이 씻어주기 위해 힘쓰는 자리라네.

또한 들은 법을 스스로의 힘으로 깨닫는 마음자리라네.

본래 지극한 도란至道 마음과 매우 친한 물건이라네.

바른 도를 닦아서 마음이란 물건이 없어져야만

그 도가 참된 것이라 할 수 있네.

마음과 도道,

이 둘이 있다거나 없다는 일이 다 없어지니,

이 넓은 대천세계에大千世界 한가로운 이 몸 하나뿐이라네.

미묘하게 행하는 일의 느낌이나 좋은 상태가 같고

미묘한 이치로써 중음에中陰 부드럽게 느끼며 응하는 일,

이것이 곧 이미 도를 잉태하여

스스로 깨달음을 이어받는다, 라고 한 것이라네.

깨달음을 이어받는다는 것은

깨우친 이를 대신하여

중생을 이끌고 구하는 아이를兒子 이른다네.

이는 용이 구슬을 기르고

닭이 알을 품는 일과 같다라는 것을 이르는 것이네.

도를 잉태하는 일이 이미 이루어져

미묘한 바탕이 되는 몸이妙體 스스로 자유롭게 되므로

여러 가지 편리한 방편을

충분하게 갖춘 곳에 머무른다고 한 것이라네.

06. 바르고 올곧은 마음자리에 머무름. 正心住

드러나 보이는 얼굴 모습이

위없는 깨우침을 얻은 이와 같으며,

마음의 바탕이 되는 모양이나 상태가 또한 이와 같은 일을

"바르고 올곧은 마음자리에 머무른다."라고 한다네. 正心住

참된 법을 찬하거나 훼방을 놓거나 그 어떻든 간에

참된 법에 대한 마음이 흔들리지 않고

중생들이 한량이 있다거나 없다거나

또 중생들이 때가 있다거나 없다거나

그리고 구원하기 어렵다거나라는 말을 듣더라도

마음이 흔들리지 않는 마음자리라네.

열 가지 법을 배우면서

온갖 법에 모양이 없으며 스스로의 성품이 없고

닦을 것도 없으며 진실하지 않는 까닭으로

허공과 같음을 알고 무생법인無生法忍,

곧 참된 구멍에서 물러나지 않기 위하여

법을 들어 스스로 깨달음을 얻는 마음자리라네.

안개와 구름이 흩어지니 집집마다 환한 달이 뜨고

눈과 서리가 녹으니 곳곳처처가 봄날이라네.

옛날을 되돌려 보는 윤회의 왕이輪王

올바른 기운을義氣 올바르게 만드니,

보배로운 뜻을寶印 굳이 드러내지 않더라도

자연스럽게 스스로 높아진다네.

드러난 얼굴의 모습과

마음의 바탕이 되는 모양이나 상태가

어느 한쪽으로 기울거나 의지하는 일이 없으며,

위없는 깨달음을 얻은 이와 다름이 없는 까닭으로

바르고 올곧은 마음자리에 머문다고 한 것이라네.

07. 물러나지 않는 자리에 머무름. 不退住

몸과 마음이 합하여 이뤄지고合成

날마다 더욱 더하면서 늘고 커지는 일을

"물러나지 않는 자리에 머무른다."고 한다네. 不退住

삼보가 있다거나 없다거나

참된 도의 행으로 생사를 벗어날 수 있다거나 없다거나

깨우침의 지혜가 끝이 있다거나 없다거나 하는 말을 듣더라도

그 마음이 견고한 까닭으로 물러서지 않고

열 가지 법을 배우면서

하나가 여럿이며, 여럿이 하나이고

맛을 따라 뜻을 알고 뜻을 따라 맛을 알며,

없는 것이 있는 것이고 있는 것이 없는 것임을 알고서

온갖 방편을 갖추기 위하여

들은 법을 스스로 깨닫는 자리라네.

밑이 없는 발우에다 향이 좋은 반찬을 받아들고

구멍이 뚫린 주발에다 조주의 차를 담았네.

이를 은근히 받들어 뒤따르는 이들에게 권하여

12시간 중에 달 꽃을 구경한다네.

위없는 깨달음을 얻는 이의 덕과德 같아서

나아감은 있고 물러서는 일이 없는 까닭으로

물러나지 않는 자리에 머무른다고 한 것이라네.

08. 몸이 참으로 물들지 않는 자리에 머무름. 童眞住

열 가지 몸의+身 신령한 바탕으로서 그 모양이나 상태가靈相

단 한때에 부족한 것이나 결함이 없이 충분하게 갖추는 일을

"몸이 참으로 물들지 않는 자리에 머무른다."라고 한다네. 童眞住

열 가지 법에 의하여 마음이 편안해지면서

몸과 말과 뜻으로 행하는 일이 깨끗하고

마음대로 태어난 까닭으로 중생의 마음과

욕망, 성품, 업보와 또 그 세계가 생기고 없어짐을 알고

또 열 가지 법을 배우면서

이 세계가 크게 떨고 유지되는 것을 알았다네.

여러 세계에 나아가 묘한 법문을 묻고

여러 가지 답을 알아가면서

잠깐 동안 한량 없는 깨달음을 통한 이를 봉양하고

모든 법에서 가장 뛰어난 방편을 성취하기 위해

들은 법을 스스로 깨닫는 마음자리라네.

물이 맑은 계곡에서

늙은 조개가 새끼를 밴 다음의 일이며,

구름이 두텁고 늙은 말의 뼈가 흐트러진 때라네.

올바르게 가기도 하며 한쪽으로 치우쳐서 오기도 하고

아울러 겸해서 또 이르는 것을,

철로 만든 소가鐵牛 움직여 가는 곳마다

돌로 만든 양이石羊 기어코 따른다네.

바탕이 되는 몸은體 갖추었으나 완전하지 못한 까닭으로

아이로서童 말한 것이라네.

열 가지 몸이란, 지혜의 몸菩提身, 빌고 바라는 몸願身,

맺거나 합하여 화는 몸化身, 힘이 있는 몸力身, 장엄하는 몸莊嚴身,

위엄과 세력의 몸威勢身, 뜻과 생각을 생하는 몸意生身, 복의 몸福身,

법의 몸法身, 지혜의 몸을智身 이르는 것이라네.

09. 법의 왕자 자리에 머무름. 法王子住

드러난 바탕으로서의 모양이나 상태를形相 이루고
태반에서 나와 스스로 깨달은 이의 자식이 되는 일을
"법의 왕자 자리에 머문다."고 한다네. 法王子住

중생이 태어나는 것과 온갖 번뇌와 버릇, 방편 지혜와
세간 법과 출세간의 법을 잘 이해하고
또 열 가지의 법을 배우면서 깨우친 이가 있는 데와
깨달은 이가 행하는 바른 의미와
참된 마음자리에 들어가서 분별하는 일과
깨우친 이의 법을 받아 칭찬하는 법을 알고
막힘이나 걸림이 없는 지혜를 얻기 위하여
들은 법을 스스로 깨닫는 자리라네.

태반이 동그랗고 또 때에 이르러 눈꽃이 날리거든
생각을 움직여 훌쩍 떠나서는
긴요한 정수리 위로頂機 오른다네.
참으로 참된 도가如來道 고목처럼 말랐지만
적적하다고는 말하지 말라.
법의 몸이法身 고요함에서 나와

되돌려 또다시 의지한다네歸依.

만일 마음이 텅 빈 것임을 얻게 된다면

고통도 또한 따라서 없어지는 것이니,

태어남이나 죽음에 무슨 거리낌이 있겠는가.

하루아침에 태반 속에서 벗어나고

한가롭게 여유 있는 대장부가 되었다네.

마음을 처음 일으키는 일로부터發心

귀하게 나는 곳에 머무름까지는生貴

성스러운 잉태에聖胎 들어가는 일이며,

방편구족에서方便具足 동진까지는童眞

성스럽게 잉태한 것을 오래도록 기르고 키우는 일이라네.

그리고 여기에 이르러

따스하게 기른 공을功 마치게 된 까닭으로

법의 왕자 자리에 머무른다고 한 것이라네.

10. 향수를 머리에 끼얹는 자리에 머무름. 灌頂住

어른이 되었음을 드러내어 표시하는 일처럼

머리에 물을 붓는 의식을 보여주는 것과 같이 하는 일을

"향수를 머리에 끼얹는 자리에 머무른다."고 한다네. 灌頂住

열 가지 지혜를 다 성취하고

그 지혜로 온 세계를 뒤흔들며,

빛을 비추어 머물러 유지하면서 장엄을 하고

여러 세상을 돌아다니며 중생들의 근기를 알아 제도한다네.

이 자리의 몸으로 지은 업이나 신통이나 지혜,

그 경계를 알 수가 없으며,

삼세를 아는 지혜, 참된 법을 아는 지혜,

법계에 걸림이 없는 지혜가 모든 세상에 가득하고

비춰주고 유지하는 지혜,

중생들을 잘 분별하는 지혜를 두루 원만하게 갖추었으며,

일체종지를一切種智 갖추기 위하여

들은 법을 스스로 깨닫고

다른 누구의 가르침에 의지하지 않는 참다운 자리라네.

번뇌를 벗어나 저 열반에 이르는 일은彼岸

본래 배를 이용하는 일이 아니며,

탄탄한 큰 길이 서울까지 환하게 트였다네.

분명하게 끝마치는 일이了然

원래 다른 것으로 인하여 깨달아 얻는 것이 아니더라도

드러난 사물의 바탕이 되는 모양이나 상태는

또렷하게 모두 다 한가지라네.

대체로 마음을 일으키고 난 후에는

반드시 마음자리의 터를 다스린 다음에 닦고 행한다네.

닦고 행한 다음에야 깨달음의 집에서 태어나고

깨달음의 바탕이 되는 모양이나 상태를覺相 갖추며,

또한 깨우침의 마음과도 같으며,

도의 바탕이 되는 몸이道體 커지며,

그리고 열 가지의 몸이 두루 원만해지며,

깨달음의 자식이 되며,

깨달음의 집안일을 맡게 된다네.

이것이 십주의十住 처음과 마지막 일이라네.

한량이 없는 깨달음의 참된 힘으로

물러남이 없는 지혜를 얻고

자비로운 그 시린 빛이 온 세상에 비추어

중생들의 의지할 바가 되었다네.

깨달음의 모든 경계를 연모하고

닦고 행하는 모든 이를 볼 때

감로수를 머리에 부어

믿는 마음을 금강 같이 만들어 준다네.

깨달음의 지혜는 걸림이 없어

참된 이치가 고요한 것을 알며

중생의 마음을 궤뚫어 보고

방편을 갖추고는 저 언덕으로 간다네.

온갖 방편을 두루 갖추고

온 세상으로 다니는 닦고 행하는 이들

자비로운 마음으로 중생들을 위해

따스한 애정을 덜어준다네.

중생을 염려하는 닦고 행하는 이들의 자비로움

모든 세상 온갖 중생들에게

바라는 바 없는 공과 덕을 베풀어

이렇듯 진실하게 행함을 행한다네.

믿음의 힘이 견고하고 지혜를 이루어

깨끗한 마음으로 참다운 이치를 알며,

앞으로 다가올 세상의 사람들을 구하려

끝없는 생사 속에서 몸과 마음을 다한다네.

035
꼭 전하고 싶은 말

●

성스러운 지위나 위치가 십신으로써+信

처음의 원인으로初因 삼고

십주+住, 십행+行, 십회향으로+回向 나아갈 길을 삼은 것이라네.

이는 등각等覺, 묘각妙覺에까지

모두 서로 의지하고자 말한 것이라네.

이는 닦고 행하는 사람들로 하여금

믿음으로부터信 들어가서 깨달은 이가 이룬 지혜의 위치에 머물며,

이 지혜에 의지하여 닦고 행함을 일으키고

닦고 행함을 이루는 일에 있어서

원하고 바라는 마음을 바탕으로 한다네.

이로 인하여 삼현을三賢 뛰어넘어 열 가지 성스러움에+聖 들어가고

등각과等覺 묘각의妙覺 지위에 오르게 한 것이라네.

이것은 닦아서 깨달아 얻는 일의修行 차례를 이르는 것이라네.

036

십행十行
미묘한 행을 일으키는 자리 阿那含의 因緣과 果位

●

참다운 깨달음의 지혜에佛智 의하여
깨우친 이가 머무는 곳,
곧 참다운 마음자리의 터에 머물게 되므로
마침내 미묘한 행을行 일으켜서
자신도 이롭고 남도 이롭게 하는 자리라네.

01. 즐거운 마음으로 기쁘게 행함. 歡喜行

깨우친 본바탕의 참다운 자식이 되어
그지없는 미묘한 덕을妙德 부족함 없이 갖추고서
마주 대하는 무한한 세계에
순수하게 바라는 바 없이 따르는 일을
"즐거운 마음으로 기쁘게 행한다."라고 한다네. 歡喜行

깨달음의 미묘한 덕을 갖춘 까닭으로 인하여

그 어디를 가나 옳지 않은 일이 없으며,

스스로도 이롭고 타인도 이로움을 얻고 갖추게 한다네.

때문에 요긴한 바탕과 마주 대하여 응하는 일이

모두 다 즐겁고 기쁘게 되는 일을

즐거운 마음으로 기쁘게 행한다고 하는 것이라네.

02. 거듭 더하여 넉넉하게 행함. 饒益行

일체 모든 중생들이 이익이 되도록

거듭 더하여 지극한 도움이 되도록 하는 일을

"거듭 더하여 넉넉하게 행한다."라고 한다네. 饒益行

03. 성내거나 원통함이 없이 행함. 無瞋恨行

스스로도 깨달음을 얻고 타인도 깨달음을 얻게 하여

서로가 어긋남이 없음을 참답게 얻게 되는 일을

"성내거나 원통함이 없이 행한다."라고 한다네. 無瞋恨行

화가 나거나 원통함은

바르고 참된 도에道 어긋나고 거슬리는 일에서 생기는 것이며,

이를 달리 이르면

"어긋나거나 거슬림 없이 행한다."라고 하기도 한다네. 無違逆行

04. 다함이 없이 행함. 無盡行

마주 대하여 드러난 바탕으로서의 모양이나 상태,

그 종류에 따라 모두 응하면서 생겨나게 하고

앞으로 다가올 세상까지 이어져 할 바를 다하는 것이라네.

곧 과거 현재 미래에 있어서 지극히 평등하고

무한한 세계에 막힘이나 걸림 없이 환하게 통하는 일을

"다함이 없이 행한다."고 한다네. 無盡行

많은 무리와 맞닿아 느끼면서 스스로를 키우고

요긴한 틀을機 따라 바라는 바 없이 응하고

이롭게 행하는 일이 다함이 없다는 것이라네.

이는 중생을 이끌고 또 구하기 위하여 몸으로 나타내는 일이며,

마주 대하여 드러난 모양이나 상태를

드러내어 보이고 화하는 일을化形 이른다네.

일이 여기에까지 이르면

타인이 모르게 숨어 살면서 거듭 도를道 두텁게 하고

지혜가 있어도 쓰지를 말며

몇 년 동안 젖을 먹으면서

그 어느 때보다도 성하기를 기다려야 옳은 일일 것이라네.

05. 어지럽거나 혼란함을 벗어나 행함. 離痴亂行

일체 모든 것을 합하여 단 하나를 이루고

수많은 법에法

차이가 있거나 도리에 어긋나지 않게 하는 일을差誤

"어지럽거나 혼란함을 벗어나 행한다."고 한다네. 離痴亂行

법에法 밝지 못한 것을 어리석음이라痴 하고

행하는 일에 있어서

어지럽게 뒤섞이는 일을 혼란스럽다고亂 한다네.

이 마음자리에서는 능히 여러 가지의 법을

단 하나의 법으로 합하여

차이가 있거나 도의 이치에 어긋나지 않게 하기 때문에

벗어난다離, 라고 한 것이라네.

06. 선함을 나타내어 행함. 善現行

같은 가운데서 여러 가지의 또 다른 것을 나타내고
하나하나 제각각 다른 바탕으로서의 모양이나 상태에서
각각 같은 것이 보이게 하는 일을
"선함을 나타내어 행한다."라고 한다네. 善現行

"하나뿐인 몸은一身 같다는 것을 이르고
많은 몸을 나타내는 것은
서로 다르다는 것을 이른다네.
어리석음과痴 혼란스러운 것이亂 없게 되었다네.
때문에 능히 여러 가지 법의法 문에 제각각 나타나고
또 때에 따라 응하는 까닭으로
두루 원만하면서 막힘이나 걸림이 없이
스스로 자유롭게 있게 된 것이라네.
이것이 곧 선을 나타낸다, 라고 한 것이라네.

07. 집착이 없이 행함. 無着行

무한한 세계, 허공에 이르기까지
또 매우 작은 티끌까지도 만족하게 하고
제각각 하나하나의 티끌 속에 무한한 세계가 나타난다네.
이러한 티끌과 경계를 나타내어도
서로에게 머물거나 또는 막힘이나 걸림이 없게 되는 일을
"집착이 없이 행한다."고 한다네. 無着行

이는 선함을 나타내어 행하는 일로善現行 인하여
넓히고 더해서 모자라거나 부족함이 없게 하고
두루 원만하게 막힘이나 걸림이 없이
환하게 통하는 일을 이른다네.
티끌 가운데 한 나라가刹土 나타남을
경계를 나타낸다, 라고 이른 것이며,
번뇌의 바탕이 되는 모양이나 상태가塵相 무너지지 않는 일을
티끌을 나타낸다, 라고 한 것이라네.

08. 수행을 높이 받들고 중하게 행함. 尊重行

제각각 여러 가지가 앞에 나타나는 일이란
모든 일 중에 수행이 제일이 되는 일을
"수행을 높이 받들고 중하게 행한다."라고 한다네. 尊重行

제각각 여러 가지로 나타나는 것은
모든 것이 다 법을 밝게 아는 지혜의般若 덕스러운 성품이라네.
인위적인 작용이 없는 미묘한 이름으로
스스로 자유롭게 이루고 취하는 까닭에
높이 받들고 중하게 여긴다, 라고 한 것이며,
또한 어렵게 얻은 행이라고도難得行 한다네.

09. 선한 법으로 행함. 善法行

온갖 법의 이치를 널리 통하여
막힘이나 걸림이 없는 까닭으로
능히 무한한 세계의
깨우친 모든 이들의 본보기를軌則 세우는 일을 일러
선한 법으로 행한다라고 한다네. 善法行

무한한 세계의 모든 깨우친 이들이 이 선법행으로善法行

참다운 도를道 이루었으며,

또한 이것으로 중생을 이롭게 한다네.

10. 일점 허물이나 거짓 없이 바르게 행함. 眞實行

하나하나 모든 것은 번뇌가 없이無漏 맑고 깨끗한 것이라네.

하나뿐인 참되고 올바른 있는 그대로의眞正無爲 성품이

본디 생긴 그대로의 상태인本然 일을 두고

"일점 허물이나 거짓 없이 바르게 행한다."라고 한다네. 眞實行

화하는 경지가化境 두루 원만하게 이루어져서

온갖 곳을 다니며 두루두루 행하니,

그 신통함이 스스로 자유로워

막힘이나 걸림 없이 두루두루 노닌다네.

일승의一乘 도가道 멀더라도

있는 그대로의 무위로써無爲 나아가고

육도의六度 문이 깊다 하더라도

쓰임새가 아닌 것으로不用 닦고 행한다네.

037

꼭 전하고 싶은 말

●

십행은+行 참된 성품이 본래 생긴 그대로의 상태로서本然

미묘한 쓰임새임을妙用 모두 통틀어서 나타낸 것이라네.

쓰임새는用 수만 가지가 서로 다르나

바탕이 되는 몸은體 오로지 하나의 참된 성품뿐이라네眞性.

이러한 십행으로+行

뒤의 자리나 위치에 이르기까지,

또한 앞의 법을 벗어나지 않고

모두 인연을 바탕으로 서로 디디고 서서 따로 벌려놓은 것이라네.

그 까닭은

닦고 행할 사람으로 하여금

늘 한결같이 자리나 위치에 따라 거듭 더하여 나아가고

깨달음의 성품을覺性 넓게 열며,

바른 도에 어긋나거나

막힘이나 걸림이 되는 일들을 맑게 가다듬어

깨달음의 열매를覺果 익히고 이루도록 한 것이라네.

038

십회향十回向
열 가지를 기원하며 되돌리는 마음 阿羅漢의 因緣과 果位

●

십신十信, 십주十住, 십행十行에서는

깨달음을 얻은 이나 수행하는 이들이

중생을 이끌고 구하려는 자비로운 마음이 많지 않았다네.

그러나 여기서는 대체로 큰 자비로운 마음으로 이루어져

세속에 처하면서處 중생들을 이롭게 한다네.

또한 헛되지 않는 참된 마음을 되돌려서

중생들이 서로 의지하며 살아가는 세속으로 향하고

지혜를 되돌려서 중생을 이끌고 구하려는

자비로운 마음으로 향한다네.

그리고 참되거나 속됨을眞俗

두루 원만하고 막힘이나 걸림이 없이 환하게 통한 자리이며,

지혜와 자비가 둘이 아닌 하나로 되게 하므로

"되돌려 향한다."라고 한다네.

때문에 닦고 나아가는 곧 수행하는修行 미묘한 행위가

십회향에서十回向 온전하게 갖추어지는 것이라네.

01. 중생을 구하고 보호하되 중생의 바탕이 되는

모양이나 상태를 되돌려 행함. 救護衆生 離衆生相回向

수행하는 이들이 모든 일에 신기하게 통하여 마음이 흡족하고

깨달음으로 가는 모든 일을 이루고

몸과 마음을 다하여 남아있는 모든 시름에서 깨끗하게 벗어나거든

중생을 이끌고 구하되

이 이끌고 구하는 바탕으로서의 모양이나 상태를

반드시 없애버려야만 한다네.

이렇듯 있는 그대로의 꾸밈이 없는 마음을無爲心 되돌려

하나뿐인 전체로서의 참된 구멍으로 향하는 일을

"중생을 구하고 보호하되

중생의 바탕이 되는 모양이나 상태를 되돌려 향한다."

라고 한다네. 救護衆生離衆生相回向

신기하게 통하여 마음이 흡족하다는 것으로부터

남아있는 시름에서 벗어났다는 데까지는

앞에서 말한 "티끌이 나타나고 세계가 나타나더라도

서로 머물거나 막힘이나 걸림이 없다."는 등의 일을 이어간 것이라네.

이러한 행함에 마음이 흡족해지면

마땅히 되돌려 향하는 일을回向 닦아야 한다는 것이라네.

되돌려 향하는回向 마음자리는 깨달은 이와 수행하는 이들이

중생을 이끌고 구하려는 자비로운 마음이 가장 깊다네.

그러므로 중생을 구하고 보호하는 일이

제일 먼저 앞서야 할 중요한 일이라네

그러나 중생을 이끌고 구하는 일을 보면

이는 인위적인 유위에有爲 들어가는 일이지

전체로서의 참된 구멍으로의 길과는 어긋나는 것이라네.

그러므로 이끌고 구하는 바탕으로서의 모양이나 상태를

반드시 없애야 한다네.

그리고 꾸밈이 없는 있는 그대로의 무위심으로無爲心 되돌려

하나뿐인 전체로서의 참된 구멍으로 향하는 길,

그 길로 향해야 한다는 것이네.

02. 무너지지 않는 곳으로 되돌려 향함. 不壞回向

허물어질 것은 허물어 버리고

멀리 벗어날 것은 멀리 벗어나는 일을 일러

"무너지지 않는 곳으로 향한다."

라고 한다네. 不壞回向

허물어질 것은 허물어버린다고 한 것은

일체 모든 헛되고 망령된 경계에서

멀리 벗어나는 일을 이르는 것이며,

멀리 벗어날 것은 멀리 벗어난다고 한 것은

멀리 벗어난 헛되고 망령된 것에서

더 멀리 벗어나는 것을 이른다네.

이렇게 해서 벗어날 것이 전혀 없게 되면

헛되고 망령된 것을 없애게 되어

무너지지 않는 일을不壞 깨달아 얻게 될 것이라네.

03. 일체 모든 깨우친 이들이
평등하다는 것으로 되돌려 향함. 等一切佛回向

깨달음의 근본 바탕이本覺 맑아져서

그 깨달아 얻은 것이 더는 위가 없는 깨우침과佛覺

같아지는 일을

"일체 모든 깨우친 이들이

평등하다는 것으로 되돌려 향한다."

라고 한다네. 等一切佛回向

허물어질 것과 허물어지지 않을 것이 없으며

벗어날 것과 벗어나지 않을 것이 없어야만

그 맑은 일이 위없는 깨달음을 얻은 이와 같을 것이라네.

04. 일체가 처할 지극한 곳으로 되돌려 향함. 至一切處回向

정성스러우며 깊고도 자세한 참된 것이 밝음을 일으켜서

바탕이 되는 참다운 구멍의 마음자리가地

최상의 깨달음을 얻은 이의 바탕이 되는 마음자리와佛地

같게 되는 일을

"일체가 처할 지극한 곳으로 되돌려 향한다."

라고 한다네. 至一切處回向

깨달아 얻은 것이 맑은 까닭으로

"정성스러우며 깊고도 자세한 참된 것이 밝음을 일으켜서

바탕이 되는 참다운 구멍의 마음자리가

최상의 깨달음을 얻은 이의 바탕이 되는 마음자리와 같다."라고

한 것이라네.

앞에서 말한 깨달음이 일체와 같다는 것은

평등하고 항상 머물면서 변함이 없는 진여의眞如 바탕이 되는 몸이

차이가 없이 같다는 것을 이른다네.

여기서 말하는 마음자리가地 지극히 일체에 이르렀다는 것은

평등하고 항상 머물며 변함이 없는 진여의眞如 세계가

두루두루 하다는 것을 이르는 것이네.

05. 공덕이 다함이 없는 곳으로 되돌려 향함. 無盡功德藏回向

"이 세계와 또 이 세상에 오신 분이如來 서로 통하고

깊이 들어가면서 막힘이나 걸림이 없게 되는 일을

"공덕이 다함이 없는 곳으로 되돌려 향한다."

라고 한다네. 無盡功德藏回向.

위에서 말한 세계란

몸과 마음이 의지해야 할 이 몸을 제외한 모든 것을 이르는 것이며,

이 세상에 오신 분이란

하나뿐인 참다운 구멍의 마음자리를 이른다네.

이 두 가지로 나아가는 가운데

닦고 행하면서 나아가는 모든 이들이 서로 통하고 들어간다네.

또한 참된 세계와眞界

참된 바탕이 되는 몸이眞體 두루 원만하다네.

때문에 들어가도 막힘이나 걸림이 없는 데로 들어가고

그 어떠한 사정이나 까닭을 더하지 않고

있는 그대로의 힘을 떨치고 드러내는 까닭으로

덕의 쓰임새가德用 다함이 없는 것이라네無盡.

06. 평등하고 선한 바탕을
따르는 곳으로 되돌려 향함. 隨順平等善根回向

최상의 깨달음을 얻은 이의 바탕이 되는 마음자리와佛地

이 마음자리 가운데서地中

제각각 맑고 깨끗한 인연이因 생기며,

이 인연으로 인하여 빛을 일으키면서

참다운 마음자리 터의 참된 도를道 취하는 일을

"평등하고 선한 바탕을

따르는 곳으로 되돌려 향한다."

라고 한다네. 隨順平等善根回向

"깨달은 이의 바탕이 되는 마음자리와 같다."라는 것은

앞에서 말한 마음자리가

최상의 깨달음을 얻은 분의 바탕이 되는

마음자리와 같다라는 것을 이른다네.

이는 일체 모든 것에 처하는 일에 있어

제각각 깨끗한 인연을淨因 일으켜서

참다운 마음자리 터의 참된 도를 취하는 일이

평등하고 선한 바탕을 따른다는 것이라네.

07. 중생들을 비춰 함께
하는 곳으로 되돌려 향함. 隨順等觀衆生回向

참된 바탕의 뿌리가眞根 이루어지면

무한한 세계의 중생들이

모두 스스로의 본바탕이 되는 성품이라네本性.

그러므로 스스로의 성품이 두루 원만하게 이루어져서

단 한 명의 중생도 잃지 않는 일을

"중생들을 비춰 함께 하는 곳으로 향한다,"

라고 한다네. 隨順等觀衆生回向

차별이 없이 지극히 평등한 바탕의 착한 성품이善根

참으로 두루 원만하고 막힘이나 걸림이 없이 환하게 통하여

법계에法界 두루 미치지 않는 곳이 없다네.

때문에 무한한 세계의 중생들이

모두 나의 본바탕이 되는 성품이며,

스스로의 선한 바탕이 되는 뿌리가 이루진 것이라네.

그러므로 일체 중생의 바탕이 되는 선한 뿌리를善根

이루는 일에 있어서 잃을 일이 없으며,

높거나 낮음이 없이 서로 평등하게 비추는 일을

중생들을 비춰 함께 향한다라고 한 것이라네.

08. 차별이 없고 항상 머물며 변함이 없는
참된 바탕의 모양이나 상태로 되돌려 향함. 眞如相回向

일체 모든 법으로서一體法 나아가며,

일체 드러난 바탕으로서의 모양이나 상태를一切相 벗어난다네.

또한 나아가거나 벗어나는 이 두 가지 일에 집착하지 않는 것을

"차별이 없고 항상 머물며 변함이 없는

참된 바탕의 모양이나 상태로 되돌려 향한다."

라고 한다네. 眞如相回向

여여하므로如如 나아가는 것이며,

참된 것이기에眞 벗어나는 것이라네.

그러나 나아가거나 벗어나는 일이 있으면

이는 거짓된 진여이며假眞如

나아가거나 벗어나는 이 두 가지 일에

집착하는 일이 없어야

이것이 곧 올바른 진여라正眞如 한다네.

09. 얽매이는 일이 없는 해탈로 되돌려 향함. 無縛解脫回向

여여한如如 일을 참되게 얻어서

무한한 세계에 막힘이나 걸림이 없는 일을

"얽매이는 일이 없는 해탈로 되돌려 향한다."

라고 한다네. 無縛解脫回向

여여란如如 사려 분별을 더하지 않고

생긴 그대로의 모습을 이른다네.

거짓된 진여에假眞如 의지하게 되면

막힘이나 걸림이 되는 일이 적지 않을 것이라네.

그러나 여여한 것을 참되게 얻은 까닭으로

일체 모든 것에 막힘이나 걸림이 되는 일이 없는 것이라네.

이것이 곧 얽매이는 일이 없는 해탈이라고無縛解脫 하는 것이라네.

IO. 한량이 없는 법계로 되돌려 향함. 法界無量回向

성스러운 덕이聖德 두루 원만하게 이루어져서

법계를法界 헤아리는 양이量 없어진 일을

"한량이 없는 법계로 되돌려 향한다."라고 한다네. 法界無量回向

공과 덕이功德 두루 원만하고 환하게 통하여

정수리가 환하게 트이려고 하니,

삼천국토에三千國土 밝은 빛이 크게 오네.

모두가 허공의 세계에虛空界 엄숙하고 깨끗한 모습으로

움직이거나 흐트러지지 않는 지혜의 자리에定慧臺

세밀하게 두루 갖추고 편안히 앉아 있다네.

처음으로 성스러운 덕을聖德 깨달아 얻은 까닭으로

최상의 깨달음을 얻은 이와 가깝거나 같다고 하는 것이며,

일체 모든 곳에一切處 이른다고 한 것은

모두가 헤아리는 양으로量 보는 일이 있기 때문이라네.

때문에 법계의 성품이 헤아리는 양에서 벗어나지는 못하였다네.

성스러운 덕이 두루 원만하게 이루어져야만

비로소 헤아리는 양으로 보는 일이 없어지며,

이로 인하여

한량이 없음을無量 얻게 되는 것이라네.

이는 모두 다 앞에서 이른 위치나 자리에서

한량이 있게 보는 일을限量情見 다스리는 것이라네.

스스로의 성품이 두루 원만해져야

삼현三賢, 곧 십신十信, 십주十住, 십행十行의 자리,

수다원, 사다함, 아나함을 뛰어넘어서

열 가지의 성스러운 자리에十聖 들어갈 수 있는 것이라네.

II. 되돌려 향한다는 일은

이끌고 구할 중생도 없고

이렇다 저렇다 할 한 물건도 없이

이 모든 세상이 고요하다면

지을 것도 지을 일도 없는 것을

그래도 잘못이나 허물의 드러난 이치는 없어지지 않는다네.

고요한 일과 혼란스러운 일,

이 두 가지에 막힘이나 걸림이 없이

평등한 마음으로 세상사를 살펴보면

세간의 일들을 참으로 밝게 알아

헛되고 망령된 어리석음을 멀리 벗어난다네.
이런 이들은 가히 깨달음의 법으로 태어나는 것이니,
온갖 공과 덕을 모두 다 되돌려 중생으로 향한다네.

수행하는 자의 마음이 편안하게 머물러
헛되고 삿된 어리석음을 없애고 늘 올바르며
모든 일을 참고 또 잡스러운 일을 떠나
한량없는 공과 덕을 쌓고 쌓는다네.
또한 이런 이들의 마음에는 이렇다 할 원한이 없어
늘 바르고 항상 깨끗한 것이니,
드러난 모든 잘못이나 허물로 세상을 꾸미고서는
드러난 많은 일들을 올바르게 나누어 분별 짓고 밝힌다네.

닦고 행하는 이의 생각하는 그 많은 일은 한량이 없고
중생을 이롭게 할 일을 항상 닦아 나아가며,
세상의 흐름을 따라 기쁘게 만들고
중생의 마음을 따라 이치에 맞게 잘 행한다네.

성내고 어리석은 마음을 여의고
모든 잘못이나 허물의 이치를 빠짐없이 알고서
최상의 깨달음을 얻은 이의 자리에 항상 머물며

여러 중생들을 이롭게 할 것이라네.

마주 대하여 드러난 바탕으로서의 모든 모양이나 상태가

지극히 참된 것과 같이

없어지고 생겨나는 일도 이와 같은 것이며,

현실적이며 평등무차별한 절대 진리의 성품이 참된 것과 같이

짓고 만드는 여러 가지 모든 일 또한 이러하다네.

현실적이며 평등무차별한 절대 진리의 성품이眞如

본래 그 자체가 한량이 없으며,

여러 가지로 짓고 만드는 잘못이나 허물 등이

모두 그러하다네.

얽힌 일이 없는 것이니

굳이 나서서 풀 일도 없는 것이고

세간의 모든 잘못이나 허물이 깨끗한 것이라네.

더할 나위 없는 깨달음을 얻은 이들의 자식은

늘 편안하게 머물며 움직이거나 흐트러지지 않기에

지혜의 힘을 크게 이루어 가지고

최상의 깨달음으로서 방편의 세계에 들어선다네.

더할 나위 없는 깨달음의 법을 진실로 얻고 보면

얽힌 것도 없고 집착할 것이 없어

거리낄 일이 없으며 마음이 편안한 까닭으로

혼들릴 물건이 그 어디에 있겠는가.

청정한 이 몸에 따라붙은 잘못이나 허물이라는 것은

중생의 바탕이 되는 모양이나 상태를 따르는 일에 있어서

참된 모양이나 상태에 깊이 이르게 되면

그 모양이나 상태 또한 모양이나 상태가 없을 것이라네.

그러나 이렇게 생각할 수 없는 일은

생각으로는 끝낼 수 있는 일이 아닌 것이니,

생각할 수 없는 깊은 곳에 이르게 되면

생각도 아닌 것도 모든 일이 고요한 것이라네.

이렇게 생각하는 방법으로써

드러난 모든 일을 낱낱이 구별 짓고 나누어서

모든 번뇌를 없애버리면

이를 일러 말하기를 공과 덕의 왕이라 한다네.

마음이라는 물건은 안에도 밖에도 없고

마음이란 물건 자체도 있지도 않건만

헛되고 망령된 고집으로 마음이란 물건이 있는 것이니,

망령된 고집만 없다면 고요하다네.

드러난 모든 법은 텅 비어 제 성품이 없는 것이니,

가장 좋은 일로서 내가 없음을 알면

현실적이며 평등무차별한 절대 진리의 성품과眞如

중생은 평등한 것이라네.

본래 법의 성품은 그러한 것이라네.

지혜의 밝은 빛은 마음을 비추고

이 거친 세상사에 두려움 없이 나서서

참다운 법을 말하고 참된 문을 열어

깨달음의 비를 뿌려 공과 덕을 기르는 것이라네.

단 한 번의 생각으로

중생과

현실적이며 평등무차별한 절대 진리의 성품을 보고

참다운 구멍자리마다

참된 모든 이치를 드러내 보인다네.

039

네 가지를 더하여 행함. 四加行

●

수다원, 사다함, 아나함의三賢 자리나 위치를 다 이루었다면

지금 다시 닦고 행함을 더해야만이

성스러운 위치나 자리에 들어가게 된다네.

이는 수행자가修行者

맑고 깨끗하게 41가지의 마음자리를四十一心 다한 다음에

미묘하며 두루 원만한 4가지의 행을 더하여妙圓加行 이룬다네. 四加行

41가지의 마음자리란

마르지 않는 지혜가 1이며,

신信, 주住, 행行, 향向이 각각 10이라는 것이라네.

소승을 통해 가르치는 일에小乘通敎

모두 이 4가지를 더함이 있다네.

그러나 그리 미묘함도妙 아니며,

또 그리 두루 원만함도圓 아니라네.

때문에 여기서 특별하게 묘원이라고妙圓 한 것이라네.

하나의 마음이

수많은 마음을 생겨나게 하는 것이며,

수많은 마음이

다시 하나의 마음으로 들어가서

마음과 마음이 서로 이끌고 끌어안으면

어찌 막힘이나 걸림이 되는 일이 있겠는가.

이 가운데를 미묘함과妙 두루 원만함의圓 두 글자가

뜻을 포함하고 있는 것이라네.

그 까닭은 대승의大乘 가르침이기 때문이라네.

01. 따스한 기운이 흐르는 자리. 煖口位

더할 나위 없는 최상의 깨달음을 얻은 이의佛陀 깨우침을

스스로의 마음으로 삼은 까닭에

나아갈 듯하면서도 나아가지를 못한다네.

이는 부싯돌로 불을 붙일 때

마치 나무를 태우는 일과 똑같다는 듯한 상태를 이른다네.

이러한 모양이나 상태를

"따스한 기운이 흐르는 마음자리"라고 한다네. 煖 位

더할 나위 없는 최상의 깨달음이란

깨달음의 열매, 결과물을覺果 이르는 것이네.

앞에서는 최상의 깨달음을 얻은 이와 같게 되었으나

참되고 올바르게 깨달아 얻지를 못하였다네.

때문에 삼현이三賢, 곧 십신, 십주, 십행의 위치나 자리에서

몸과 마음을 다한 정성을 다하고

성스러운 지위로聖位 나아가고자 할 때는

더할 나위 없는 최상의 깨달음을 얻은 이의 결과를

곧 각과를覺果 마음의 인연으로 삼고 또 의지하면서

거듭 공부를 더하여 올바른 깨우침을 얻어야 한다네.

부싯돌로 불을 붙이는 일은

깨달음의 결과를覺果 비유한 것이고

부싯돌의 쇳조각은

행을行 거듭 더하여 나아가는 일을加行 비유한 것이라네.

처음 인연의 위치나 자리에因位 들어갔을 때는

바로 곧 깨달음의 결과를 얻지 못했다네.

때문에 부싯돌의 불꽃으로 비유하면서

비로소 따스한 기운이 흐르는 자리로서의 바탕이 되는

모양이나 상태를煖☒相 얻었다는 것이네.

참된 마음자리에 오르는 일과 같고

성스러운 결과를聖果 일으키려 하므로

'나아갈 듯'이라고 한 것이라네.

또한 인연으로서 드러난 바탕의 모양이나 상태에

얽매이는 일이 있기 때문에

아직은 벗어나지 못하였음으로

'나아가지 못했다'라고 한 것이라네.

02. 더 이상 위가 없는 마음자리. 頂上位

스스로의 마음으로

더할 나위 없는 최상의 깨달음을 얻은 이가佛陀 행하여 오른

자리나 위치를 이루었다네.

때문에 의지한 듯이 하면서도 의지하지 않는 것이라네.

굳이 말하자면 높은 산을 오를 때

이 몸 하나는 허공 가운데로 들어갔으나

발밑으로는 조금의 막힘이나 걸림이 있는 것과 같은 일을

"더 이상 위가 없는 자리"라고 한다네. 頂上位

앞에서는 최상의 깨달음을

스스로의 마음으로 삼았고

여기서는 스스로의 마음이

최상의 깨달음을 얻은 분이 행하여 오른 지위를 이루어서

깨우침의 결과물과覺果 지극히 가까워졌다는 것이네.

때문에 비유를 들기를 높은 산에 오를 때

마치 이 몸이 허공 가운데 들어간 것과 같다고 한 것이라네.

이는 단지 인연과 결과가因果

아직은 두루 원만하거나 환하게 통하지 못하였다는 것이네.

이는 남아있는 자취로 인하여

마음에는 아직 막힘이나 걸림이 있다는 것이라네.

때문에 발밑으로는 조금의 막힘이나 걸림이 있다고 한 것이고

더할 나위 없는 최상의 마음자리에 이르렀기 때문에

조금만 거듭 몸과 마음을 다하여 노력한다면

그 조금의 막힘이나 걸림은

반드시 없앨 수 있게 될 것이라네.

03. 참고 견디어내는 참된 마음자리. 忍耐地

스스로의 마음과

더할 나위 없는 최상의 깨달음을 얻은 열매覺果,

이 두 가지가 이제는 같은 까닭으로

어느 한쪽으로 치우치지 않는 도를中道 얻었다네.

이를 말로 옮기자면 이렇다네.

모질고 거친 일을 잘 참은 사람이

모질고 거친 일을 마음에 품지도 않으며,

또 밖으로 내보이지 않는 것처럼 행하는 일을

"참고 견디어내는 마음자리"라고 한다네. 忍耐地

스스로의 마음과

더할 나위 없는 최상의 깨달음을 얻은 열매覺果가

서로 맺거나 합하여

하나의 바탕이 되는 몸을 이루게 된 것을

두 가지가 같다고 한 것이라네.

인연이나 결과를 모두 잊고

이 두 가지의 가장자리가 이루어지거나 세워지지 않는 것을

어느 한쪽으로 치우치지 않는 도라고中道 한다네.

그리고 어느 한쪽으로 치우치지 않는 중도中道,

이 도를 깨달아 얻은 결과를

얻은 듯이 하면서도 얻지를 못했기 때문에

모질고 거친 일을 잘 참은 사람이

모질고 거친 일을 마음에 품지도 않으며,

또 밖으로 내보이지 않는 것처럼 행한다, 라고 한 것이라네.

04. 세계 제일의 마음자리. 世第一地. □支佛의 因緣과 果位

"헤아려 가려내는 수와 양이數量 줄고 적어진 까닭으로

길을 잃거나 갈피를 잡지 못하고 헤매는 일迷, 그리고 깨우침覺,

이 두 가지 어느 한쪽으로도 치우치지 않는 도에中道 있어서

눈에 비치어 아는 일이 둘이 없음을

"세계 제일의 마음자리"라고 한다네. 世第一地

털끝으로 그 큰 바다를 삼키고

쌀눈이 온 우주를 끌어안을 수 있게 해야 한다네.

신령한 틀과靈機 미묘한 쓰임새가妙用

삼계를三界 뛰어넘었으나,

다른 모든 이는 전혀 알지를 못한다네.

앞에서 스스로의 마음과

더할 나위 없는 최상의 깨달음을 얻은 열매覺果,

이 두 가지가 이제는 같다, 라고 하였다네.

이 말의 의미는

이미 헤아려 가려내는 수와 양의 허물에서 벗어났다는 것이네.

만일 이쪽저쪽도 아닌 가운데와 가장자리가 있다면

길을 잃거나 갈피를 잡지 못하고 헤매는 일과

깨우침을 무리하게 나눌 수 있을 것이네.

그러나 여기서는 모두 없어지고

그에 따라 이름마저도 이루어지지 않는 것이라네.

그리고 헤아려 가려내는 수와 양을 벗어났고

삼현을三賢 뛰어넘었기 때문에

"세계 제일의 마음자리"라고 한 것이라네.

만일 열 가지의 성스러움으로十聖 나아가

미묘한 깨우침을 다하게 되면

이것이 곧

중생이 서로 의지하며 살아가는 세상을 벗어나는

제일이라고 말할 수 있다네.

040

꼭 전해주고 싶은 말

●

맑고 깨끗한 빛으로 온 세상을 비추어

모든 사람이 더할 나위 없는 깨우침의 실체를 뵙게 한다네.

자애로운 빛으로 참된 마음자리에 마땅히 계시나

잘못이나 허물에 휩싸인 이들은 모두가

눈만 멀뚱히 뜨고 고개만 갸웃거리고 있다네.

더할 나위 없는 깨달음의 공과 덕은 가없어

여러 개의 몸이 하나의 몸이 되고

하나의 몸이 여러 개가 되어서

이 세상을 다니는 일에 있어 막힘이나 걸림이 없고

말로써 표현할 수 없는 그 미묘한 일이 허공과 같다네.

가없고 끝없는 세월을 통해

온갖 행함을 닦으면서 마땅한 참된 자리를 구하여

더할 나위 없는 최상의 깨달음을 이루고

중생을 이끌고 제도하는 이들이라네.

구름 한 점 없는 맑은 하늘의 또렷한 달덩이,
맑고 시린 밝은 빛이 가없어
눈 있는 사람들도 있음을 분간하지 못하는데
하물며 눈이 먼 소경은 어떠하겠는가.

위없는 최상의 깨달음을 얻은 이의 빛도 이와 같아서
온 곳도 없으며 가는 일도 없는 것을
나지도 않고 멸하지도 않는 이 일을
예나 지금이나
구별 짓고 나누어 밝힐 수 있는 이가 누구이겠는가.

최상의 깨달음을 얻은 이의 빛과 같이
깨우침의 법도 그러한 것이라네.
어제도 오늘도 또 내일도 없는 것이거늘
운 좋게 제 성품이 없는 것을 잠시라도 알게 된다면
참다운 구멍자리를 깨달아 얻어 의심이 없어질 것이라네.

가없는 이 자리, 위치, 참다운 법의 세계와 같은 것이니,
온 세상 그 어디에나 미치지 않는 곳이 있겠는가.

이러한 참다운 이치를 믿고 따르는 이가 있다면
종당에는 그 어떤 고통에서라도 벗어날 것이라네.

끝없는 세월을 보내고 또 보내도
이러한 참된 마음자리의 울림을 만날 수 없는 것이니,
혹시라도 마음자리의 울림을 만난다면
이는 깨달음을 얻은 이의 크나큰 구원의 힘이라네.

지혜에서 생기지 않고
지혜가 아닌 것에서도 생기지 않는 일이지만
모든 참다운 법을 분명하게 알고
중생의 어두운 마음에 빛을 비춰준다네.

빛이 있네. 빛이 없네. 이 둘이 없는 것 같지도 않듯이
지혜나 어리석음이 또한 이러하고
나고 죽는 일과 나고 죽는 일을 떠난
이 두 가지 또한 헛되고 망령된 것이라
생각이 있거나 없거나 이 둘은 참된 것이 아니라네.

처음의 마음이 나중의 마음과 서로 같지가 않듯이
눈, 귀, 코, 혀, 몸, 뜻의 6가지 아는 일이 서로 다르다네.

전체로서의 참된 구멍, 마음자리가 하나이듯
참된 구멍의 지혜는 모든 번뇌를 없애버린다네.

금과 금빛이 서로 다르지 않듯이
법과 법이 아닌 것의 성품은 곧 하나뿐이라네.
중생이나 중생이 아닌 것이나
둘 다 모두 참되지 않는 것이니,
법과 법이 아닌 것도 또한 이러한 것이라
스스로의 성품이 모두 다 있지 않다네.

내일은 어제의 모양이나 상태가 없는 것과 같이
드러난 모든 법이란 참된 것은 하나도 없고
나고 죽는 일과 나고 죽는 일을 벗어난 일은
말로만 두 가지일 뿐이니,
모든 법이란 이와 같을 뿐 서로 다르지가 않다네.

천이라 만이라 셈하는 법은 많지만
하나씩 덧붙여서 백이 되고 천이 되는 것이지.
아무리 많아도 근본 바탕으로서의 계산법은 하나뿐이라네.
이를 두고 사람들은 제 생각대로
많다거나 매우 적다고 떠든다네.

이 허공이나 저 허공이나 모든 것이 서로 다르지 않지만
사람이 이름을 지어 동서남북이라 한다네.
헛되고 망령된 구별 짓고 나누어 밝히는 일에 고집이 생기면
깨달음을 얻기에는 멀고 먼 남의 이야기라네.

모든 중생이 과거, 현재, 미래의 어둠에 갇히고
과거, 현재, 미래에 갇힌 중생은
다섯 가지 어둠에 잡히는 것이니.
다섯 가지의 어둠은 잘못이나 허물에서 일어나고
잘못이나 허물은 마음에서 일어난다네.
마음이 요술쟁이인 까닭으로 중생 또한 그러하다네.

세간이 세간을 지은 것도 아니고
그 어떤 이도 세간을 짓지 않았건만
참된 성품을 알지 못하여
나고 죽는 일에 항상 헤매고 있다네.

세간이 바뀌고 달라지면 괴로움 또한 달라지고
사람들은 모르기 때문에 생사를 헤맨다네.
세간도 비세간도 본래 참된 것이 아닌 것을
중생이 어리석은 까닭으로 고집만 부린다네.

참됨에서 뒤바뀐 삿된 소견을 없애버리면

밝고 참된 성품을 분명하게 보고

위없는 깨달음을 얻은 분이

늘 우리 앞에 계실 것이라네.

마주 대하여 드러난 바탕으로서의

모양이나 빛깔의 성품을

직접 본다고는 하지만 전혀 알 수가 없듯이

아는 일과

위없는 최상의 깨달음을 얻은 이가 눈앞에 있어도

어떻게 볼 수가 있겠는가.

두루 원만하게 온 세상에 나타나는 깨달음의 본체,

이 몸이 깨달음의 본체가 아니고

깨달음의 본체가 이 몸이 아닌 것이니.

분명하고 맑고 깨끗하며 미묘한 법신이 항상하다네.

그림을 그리는 물감처럼

서로의 빛깔은 다르다지만 그 본체는 한 가지라네.

그 본체와 드러나는 색깔이 다르다고 이르지만

본체를 떠나서는 드러난 색깔도 없다네.

마음이 빛이 아니고 빛 또한 마음이 아니라네.
마음을 떠나서는 드러나는 색깔이 없고
드러난 색깔을 떠나서는 마음도 없는 것이라네.
마음도 변하는 일이니 전혀 알 길이 없다네.

그림에서 드러나는 여러 가지의 물감은
제각각 서로가 서로를 알지 못하듯이
그림이 지닌 마음을 그리는 이도 모르는 것이니
모든 법의 성품이 다 그런 것인가 한다네.

마음은 그림을 그리는 이와 같아서
오만가지 드러난 모양이나 상태를 그려내듯이
이 세상에 존재하는 온갖 물건들은
모두 다 마음으로 지어진 것이라네.

마음이 그러하듯 깨달음의 열매도 그러하고
깨달음을 얻은 이가 그러하듯
중생도 또한 그러하다네.
마음이나 중생이나 깨달음을 얻은 이나
이 세 가지가 조금도 전혀 다르지가 않다네.

마음이 몸이 아니고 몸이 마음이 아니지만

모든 드러난 일들을 제 마음대로 한다네.

이 세상에서 깨달음을 얻으려는 이는

참다운 구멍, 마음자리가

깨달음의 달콤한 열매인 것을 알아야 한다네.

허공은 텅 비어 깨끗하고 드러난 모양이 없으니,

물건을 의지해야 볼 수가 있다네.

그 허공 가운데 온갖 모양이 드러나고

그 성품을 우리가 볼 수가 없듯이

너와 나의 깜냥으로는 알 수가 없기에

이 세상 누구라도

깨우침의 본바탕이 드러내는 모양을 보지 못한다네.

깨달음의 음성을 듣기는 하나

들리는 소리가 본래부터 깨우침의 열매가 아니고

소리를 여의고서는 깨우침의 열매 또한 없으니

이 이치를 구별 짓고 나누어서

분명하게 할 참다운 이가 누구이겠는가?

열가지의
성스러운 마음자리

十地

●

앞의 법을 모아서 몸과 마음을 다하여 나아가는 까닭으로

일체 모든 참다운 법이 이로 인하여 일어나고 생긴다네.

때문에 마음자리라고地 한 것이라네.

십신으로부터十信 제각각의 위치나 자리마다

드러나는 자취를 디디고 서서

서로가 서로를 도우면서

곧바로 미묘한 깨우침을妙覺 뛰어넘었다네.

그러나 그 가운데 끊어서 없애버리거나

깨달아 얻은 일이 분명하지 않는 것이 있었다네.

이는 모든 것을 끊지 못한 일로서

반드시 꼭 끊어 없애버려야 할 일이며,

깨달아 얻지 못한 일로서

반드시 깨달아 얻어야 할 일이라네.

이러한 일을 두고 이르기를

"그 하나하나의 마음자리마다 막힘이나 걸림이 되는 일과障

두 가지의 어리석음을愚 끊어버리고

하나뿐인 참다운 구멍자리를 닦은 것이라네."라고 하였네.

그러나 마주 대하여 이름으로 드러난 바탕으로서의

모양이나 상태가 번거로운 까닭으로 이를 생략하고

단지 제각각 드러난 자취를 디디고 서서

서로가 서로를 돕고 의지하는 뜻만을 취하여 풀어쓴 것이라네.

OI. 즐겁고 기쁨이 가득한 마음자리. 歡喜地

닦고 행하는 자가 큰 지혜를 막힘이나 걸림이 없이

두루 원만하게 통하여

깨달아 얻은 지혜가 참다운 구멍과 잘 통하며,

위없는 최상의 깨달음을 얻은 이와의 경계가 없어진 일을

"즐겁고 기쁨이 가득한 마음자리"라고 한다네. 歡喜地

앞에서는 깨우친 일과覺 깨우치지 못한 일이不覺

서로 같다고는 하였으나,

이는 위없는 최상의 깨달음과

참된 지혜의 경계를 다하지 못하였다는 것이네.

그러나 지금은 행하여 나아감을 거듭 더하여加行

미묘하게 두루 원만해진 까닭으로

막힘이나 걸림이 없이 환하게 통하는 일로서

다할 수 있다는 것이네.

이러한 까닭으로 인하여

법의 기쁨이 거듭 더하여 보태지므로

여기서는 즐겁고 기쁨이라고 한 것이라네.

사람이 바라는 바 없이 착한 일을 닦고 또 모아서

맑고 깨끗한 마음으로

위없는 깨달음을 얻은 이를 섬기고

청정한 믿음과 자비로움으로

가없고 위없는 최상의 지혜를 일으킨다네.

자비로운 마음에 지혜를 으뜸으로 세워

방편과 수단으로서 행을 제대로 닦으면

올곧고 깊은 마음이 한결같아서

그 바탕으로 생기는 힘이 한량이 없을 것이라네.

진실한 마음을 일으킨 수행하는 자는

평범한 범부를 떠나 깨달음의 행에 이르고

깨우친 이의 집안에 태어나서

위없는 지혜를 이룰 것이라네.

이러한 마음이 일어날 때에
처음의 마음자리에初地 들어가
움직이거나 흔들리지 않는 마음이 태산과 같고
즐겁고 기뻐하는 모습이 밝게 드러나
깨달음의 큰 지혜를 잇게 될 것이라네.

서로 다투는 일을 즐기지 않고
성내는 마음을 생기지 않게 하며
스스로를 낮추고 공손하게 즐겨 익히면
올바른 마음을 닦아서 중생을 이끌 것이라네.

발길이 닿는 곳마다
몸과 마음을 함께 모아 정성을 다하면
듣는 일이나 보는 일이나 헛되지 않을 것이라네.

02. 잘못이나 허물을 멀리 벗어난 마음자리. 離垢地

서로가 전혀 다른 성품이 맺거나 합하여

함께 같은 곳에 들어가는 일과

서로가 같은 성품이라도 또한 서로가 없어진 일을

"잘못이나 허물을 멀리 벗어난 마음자리"라고 한다네. 離垢地

큰 지혜를 환하게 통해서

위없는 최상의 깨달음, 그 깨달음의 드러난 경계를 다하면

일체 막힘이나 걸림이 되는 일이,

곧 올바른 이치를 다한 마지막 깨달음이며 究竟覺

중생과 이 모든 세상이 다 같은 법의 성품이라네.

이는 서로가 다른 성품이

맺거나 합하여 함께 같은 곳으로 들어가는 일을 이른다네.

그러나 다르다는 것을 보게 되거나

같다는 것을 보게 되면

이는 도리어 마주 대하여 드러난 모양이나 상태에

집착하는 허물이 된다네.

때문에 서로 같은 성품까지도 없어져야만

허물을 벗어났다, 라고 할 수 있다네.

잘못이나 허물로 인한 여러 가지의 심한 고통,

지옥과 축생, 아귀의 불타는 이 몸,

악한 마음으로 생기는 이러한 것들을

나는 이제 모든 것을 여의였다네.

여러 가지 고통을 모두 여의고

참된 지혜의 도를 닦고 행하니

이 세상의 온갖 즐거움을 생겨나게 하고

모든 중생을 인도하여

열 가지의 선한 길로 들게 할 것이라네.

03. 빛을 일으키는 마음자리. 發光地

맑음을 지극히 다하여 밝음이 생기는 일을

"빛을 일으키는 마음자리"라고 한다네. 發光地

보는 일을 따라 마주 대하여 드러나는 바탕으로서

모양이나 상태의 허물이 맑아지면

미묘한 깨달음의妙覺 밝음이 생긴다네.

이 자리에 이르면

모든 법의 참된 성품을 살피게 된다네.

가없는 모든 법은 항상하지 않고 고통스러우며,

'나'라고 할 것도 없으며,

깨끗하지 못한 까닭으로 반드시 없어질 줄을 안다네.

법의 참성품이란

지어지는 일도 없고 생기지도 않으며,

오는 것도 아니고

가는 것도 아니라는 것을 깨닫는 마음자리라네.

04. 불꽃처럼 피어오르는 지혜의 마음자리. 焰慧地

밝은 빛이 마음과 힘을 다하여

깨달음이 두루 원만하게 되는 일을

"불꽃처럼 피어오르는 지혜의 마음자리"라고 한다네. 焰慧地

밝은 빛이 마음과 힘을 다하고

깨달음이 두루 원만하게 되는 일은

비유하자면 작은 불이 모여서 큰 불을 이루게 되면

일체 드러난 인연의 그림자가

모두 다 없어지는 것과 같으므로

불꽃처럼 피어오르는 지혜라고 한 것이라네.

깊은 지혜의 마음이 깨끗해지고

믿은 그 마음이 더욱 선명해지며

오랜 세월을 지낼수록 선근이 거듭 좋아지는 자리라네.

05. 어려움을 능히 견디어내고 이를 뛰어넘는 마음자리. 難勝地

일체 모든 것이 같거나 다르다는 것이 다하여도

이르지 못하는 것을 불러 이르길

"어려움을 능히 견디어내고 이를 뛰어넘는 마음자리"

라고 한다네. 難勝地

앞에서는 서로가 다른 성품이 맺거나 합하여

함께 같은 곳에 들어가는 일과

서로 같은 성품도 또한 없어졌다네.

그러나 이는 이를 수 있는 드러난 경계가 있는 것이 아닌가.

그러나 여기서는 불꽃처럼 피어오르는 지혜로써

모든 인연의 그림자를 끊어버렸다네.

그러므로 같거나 다르다는 것이

일체 이를 수가 없는 것이라네.

곧 드러나 이를 수 있는 것도 능히 뛰어넘지 못하는데

어찌 누가 뛰어넘을 수 있겠는가.

06. 눈앞에 나타나는 마음자리. 現前地

꾸밈없이 있는 그대로 변하지 않으며

평등하고 늘 한결같으며,

온갖 것의 밑바탕에 흐르는 진여와 無爲眞如 같게 되어서

성품이 맑아지면서 밝게 드러나는 일을

"눈앞에 나타나는 마음자리"라고 한다네. 現前地

변하지 않으며, 평등하고 늘 한결같으며,

온갖 것의 밑바탕에 흐르는 진여의 맑은 성품이

사람에게 없는 것은 아니라네.

그러나 대체로 항상 같다거나 다르다는 것에 의하여

서로 구별 지어지고 가려지는 일이 있다네.

그러므로 같다거나 다르다는 일이 맞닿아 이르지 않으면

맑게 드러나는 일이 눈앞에 나타나는 것이라네.

07. 널리 아득하게 행하는 마음자리. 遠行地

우주 만유의萬有 실체로서 현실적이며,
평등무차별한 절대의 진리, 곧 진여의眞如 마지막까지
다한 일을 두고 이름 붙여 이르기를
"널리 아득하게 행하는 마음자리"라고 한다네. 遠行地

우주 만물의 실체로서 현실적이며,
평등무차별한 절대 진리가
지금 바로 눈앞에 나타났다고 하더라도,
제각각 하나하나씩 번뇌를 끊어나가면서
깨달아 얻은 일은分證
어떠한 한 부분에 한정된 일이라네.
그러므로 마지막까지 다해야만
널리 뛰어넘어 끝까지 나아갈 수 있기 때문에
널리 아득하게 행하는 마음자리라고 한 것이라네.

08. 움직이지 않는 마음자리. 不動地

우주 만상의 실체로서 현실적이며,
평등무차별한 절대의 진리眞如. 곧 전체로서의 참된 구멍,
오로지 이 하나뿐인 마음을 이름 붙여 부르기를
"움직이지 않는 마음자리"라고 한다네." 不動地

참된 구멍의 마지막까지를 다하고
또한 지극한 바탕이 되는 참된 몸을體 얻었으며,
하나뿐인 전체로서의 참된 구멍이 변함이 없으므로
움직이지 않는다, 라고 한 것이라네.

09. 선으로 베푸는 지혜의 마음자리. 善慧地

하나뿐인 전체로서의 참된 구멍이眞如
그 쓰임새를 일으키는 일을 두고 이름 붙여 말하기를
"선으로 베푸는 지혜의 마음자리"라고 한다네. 善慧地

참된 바탕이 되는 몸을 이미 얻었다면,
필히 참된 쓰임새를 일으켜서

모든 것을 비추고 응하는 일에照應 있어서

참되지 않는 일은 없다네.

또한 여여하므로如如,

곧 사려 분별을 더하지 않는 생긴 그대로의 모습이므로

선으로 베푸는 지혜의 마음자리라고 한 것이라네.

다시 되돌려 짚고 넘어가야 할 일.

이전에 닦고 익힌 공부를 끝마치고서

그 공과 덕이 막힘이나 걸림이 없이 두루 원만해진 까닭으로

이 마음자리, 참된 구멍을

"닦고 익히는 자리"라고도修習位 한다네.

이 말은 앞의 것을 매듭짓고

뒤에 드러나는 것을 나타내는 것이네.

성스러운 자리가 모두 모여 뭉치면 다섯이라네.

첫째는

공부에 꼭 필요하고 그 쓰이는 모든 바탕으로서

삼현을三賢 이른다네. 곧 십신, 십주, 십행의 과위,

둘째는

행함을 거듭 더하여四加行

스스로 또 홀로 성스러운 자리에 이른 것을 이른다네.

셋째는

막힘이나 걸림이 없이 환하게 통하는 일로서

처음의 마음자리를初地 이른다네.

곧 회향의 처음 마음자리를 이른다네.

넷째는

닦고 익히는 일로서

지금의 이 자리,

곧 닦고 익히는 자리, 선혜지를善慧地 이른다네.

다섯째는

더 이상 배울 일이 없는 자리로서無學

미묘한 깨달음의 자리를妙覺 말한다네.

처음 믿음을 일으킨 일로부터發信

삼현을 뛰어넘어 성스러움에 들어가는 일에入聖 이르기까지

모두 다 닦고 익히는 일이라네.

그러나 이 선혜지는善慧地

공을 들인 보람이 없는 여덟 자리의八地 도를 뛰어넘어서

지혜와 자비가 두루 원만하게 되었다네.

때문에 닦고 익히는 공부가 여기에서 끝난다네.

그러므로 "닦고 익힌다修習."라고 한 것이며,

이는 십지의十地 인연을 매듭지어 밝힌 것이네.

이후로는 모든 것이 십지의十地 열매이기果 때문에

달리 닦고 익힐 필요가 없는 것이라네.

인연으로 맺은 마음자리는因地 닦고 익히는 일이 있으며,

깨달아 얻은 과의 마음자리는果地

닦고 익힐 일이 없는 것을 뜻한다네.

뒤의 자리에서는 닦고 익힐 일은 없고

막힘이나 걸림을 끊은 일이 있는 것은 어찌 된 것일까.

이는 지혜와 자비의 공부가 끝난 까닭으로

십지의十地 깨달아 얻은 열매를果 밝혔을 뿐이라네.

따지고 본다면

만일 막힘이나 걸림을 끊은 일에 대하여 논한다면

등각이라는 자리도等覺位 또한 닦고 익혀야 하는 것이므로

미묘한 깨우침에妙覺 이르러야

더 이상 배울 것이 없다無學 할 수 있다네.

IO. 법이 구름처럼 가득한 마음자리. 法雲地

자비의 부드러운 그늘과

오묘한 구름이

깨달아 얻은 불생불멸의 바다를涅槃海 가득 덮은 일을 두고

"법이 구름처럼 가득한 마음자리"라고 이른다네. 法雲地

"자비의 부드러운 그늘이란

중생들을 하나도 빠짐없이 두루 어루만지는 일을 이르며,

오묘한 구름이란

여러 가지 몸으로 다투어 드러내는 형상을 이른다네.

이는 곧 십지를十地 깨달아 얻은

결과물로서의 덕을 이르는 것이며,

불생불멸의 바다란

미묘하게 깨달아 얻은 결과의 자리를果位 이른다네.

십지를十地 깨달아 얻은 결과가 두루 원만하며,

지혜와 자비의 공과 덕이

부족하거나 모자람이 없다네.

또한 자신을 이롭게 하지 않고 남을 이롭게 한다네.

그러므로 큰 자비의 부드러운 그늘이

법계에法界 가득한 까닭으로

인연도 없고 마음도 없다네.

그렇지만 저 깊은 인연의 바다에 응하며,

이롭고 윤택한 일을 베풀되

본래 고요하면서 인위적인 꾸밈이 없다네.

때문에 불생불멸의 바다를 덮는다고 이른 것이라네.

041

차별이 없는 가지런한 깨달음의 자리. 等覺位

●

참된 바탕의 구멍이 거꾸로 흐르면

이를 따라 순수하게 행하는 일을順行 지극히 다하여

깨달음을 이어주는 참 구멍의 자리에 들어가

서로 어울리는 일을 가리켜서

"차별이 없는 가지런한 깨달음의 자리"라고 이른다네. 等覺位

맑고 밝아서 티 한 점 없는 법의 미묘한 몸은

흙탕물 속에서 피어나는 연꽃이

더러움에 물들지 않는 것과 같다네.

여러 가지의 몸으로 나타나는 일은

만 개의 강에 비친 달로 나타날 것이나,

만 개의 강에 비친 달 또한

허공에 뜬 하나의 참된 달과 같을 뿐이라네.

십지의十地 깨달음을 얻은 이가

중생이 서로 의지하며 살아가는 세상에 어울리며

이들을 이롭게 하는 일은

더할 나위 없는 최상의 도를 얻은 이와 같다네.

단지 취하고 향하는 일에 있어서

거스르거나逆 순하게 따르는 것은順 서로 다르다네.

곧 더할 나위 없는 최상의 도를 얻은 이는

거슬러 흐르면서 만물과 함께 나아가고

십지의十地 깨달음을 얻은 이는

불생불멸의 바다를 따라 순하게 흐르면서

미묘한 깨달음으로妙覺 들어간다네.

등각위에서는等覺位 곧 여기서는

이미 깨우침의 곁에 이르렀기 때문에

들어가 서로 어울린다, 라고 한 것이며,

최상의 도를 얻은 이와 별다른 차이를 보이지 않기에

차별이 없는 가지런한 깨달음이라고 한 것이네.

이는 곧 해탈의 도解脫道 앞에서는

구분 짓고 나누어 밝힐 도가道 없다는 것이네.

이 자리가 비록 가지런하고 평등하기는 하나

미묘한 깨우침을 다하지는 못하였다네.

그러므로 마땅히 큰 적멸의 바다로 흘러 들어가서

그 미묘함이 만물과 같아야만

미묘한 깨달음에妙覺 오르게 될 것이라네.

042

금강 같은 지혜. 金剛慧

●

마르지 않는 지혜의 마음으로부터乾慧心

차별이 없는 가지런한 깨달음의 자리에等覺 이르러야만

그 깨달음이 비로소

금강 같은 마음 가운데에金剛心中

마르지 않는 지혜의 첫 마음자리를乾慧地 얻게 된다네. 金剛慧

이것의 이름은

등각等覺 다음의 마음자리라고 하며,

미묘한 깨달음을妙覺 항복받은 도라고도道 이른다네.

미묘한 깨달음의 도는 마주 대하여 드러난 바탕으로서의

모양이나 상태가 달리 없으며,

그 행함도 또한 그렇다네.

단지 마르지 않는 지혜의 첫 마음자리로부터乾慧地

차별이 없는 가지런한 깨달음의 자리에等覺 이른다네.

또한 금강 같은 마음을 일으켜서

처음부터 또다시 모든 자리에 걸쳐

작디작은 인연의 그림자인緣影

마지막 남은 무명을無明 끊게 한다네.

그리고 아주 작은 티끌마저도 없애버려야

미묘한 깨달음의 자리에 들어갈 수 있다네.

처음의 자리부터初位 만들어가는 것이므로

금강 같은 마음 가운데를金剛心中

마르지 않는 지혜의 첫 마음자리라고 한 것이라네.

그러므로 서로 구별 짓고 나누어 밝히는

아는 일의 어두움을識陰 모두 다 없앤 자라야

금강 같은 마르지 않는 지혜에

들어갈 수 있다는 말이 이 말이라네.

앞에서 말한 마르지 않는 지혜는

깨달은 이의 법에 맞닿아 흐르지 못함을 이르는 것이며,

여기서 말한 마르지 않는 지혜란

불생불멸의 바다나 참다운 구멍자리와

맞닿지 못하는 일을 이른 것이라네.

때문에 이름은 같아도 뜻은 전혀 다르다네.

043

미묘한 깨달음. 妙覺

●

이렇듯 거듭 더하여 12를 거치고單

또다시 되돌려 거쳐야만複 미묘한 깨달음을妙覺 다하여

더할 나위 없이 위없는 최상의 도를無上道 이룰 수 있다네. 妙覺

마르지 않는 지혜의 첫 마음자리로乾慧地 인하여

모든 자리를 피하지 못하고 거치는 일을 단이라單 하고

금강 같은 마음과 함께

다시 거듭 모든 자리를 거치는 일을 복이라고複 한다네.

12는 간혜乾慧, 십신十信, 십주十住, 십행十行, 십회향十回向,

난온위煖⬚位, 정상위頂上位, 인내지忍耐地, 세제일지世第一地

십지十地, 금강혜金剛慧 등을 이른다네.

12가 인연이 되고

또 미묘한 깨달음의 결과가 되는 까닭으로

12를 거치고單

또다시 되돌려 거쳐야만複 한다고 이른 것이라네.

044

거듭 공을 들이고 매듭지어 끝맺음. 總結功用

●

이렇듯 거듭 더하여 나아가

참된 지혜의 길을道 취하여 잘 이룰 수 있는 것이라네.

55의 자리와 차례를

이렇게 비추어보는 자는

"올바르게 비추어 본다正觀." 라고 하며,

이것과는 다르게 비추어보는 일을

"어긋나게 비추어 본다邪觀." 라고 한다네.

사람의 몸을 얻기가 그리도 어려운 것을

지금의 생에서 불현듯 얻었다네.

더할 나위 없는 깨우침의 법을 듣기란 어려운 것을

내가 오늘 들었다네.

부귀와 공명은 모든 것이 다 꿈,

어찌해야 참다운 문에

제대로 깨달아 들어갈 수 있겠는가.

십신十信, 십주十住, 십행十行, 십회향十回向, 십지가十地

50이 되고

간혜乾慧, 사가행四加行, 등等, 묘를妙 아울러서

57의 자리가 있다네.

여기서 55의 자리만 가리켜서

지혜의 길이라고 한 것은

등과等 묘는妙 곧 깨달음의 결과,

지혜의 열매이기果 때문이라네.

이 길로道 인하여

깨달음을 얻는 길로 올바르게 갈 수 있는 것이라네.

만일 이러한 자리나 차례가 없다고 여기면서

인연이나 결과가因果 없다고 고집을 부린다면

이것이 바로 어긋나게 비춰보는 일이라네邪觀.

더할 나위 없는 위없는 올바른 깨달음을無上正覺

이로 인하여 얻는 것이며,

일체 모든 것이 지혜의 바다로 들어가는 일이란

이로 인하여 이루어지는 것이라네.

후기

●

"통하였다면 지금 당장 버리시기를 바란다네.

그리고 참다운 스승을 찾아

하나뿐인 전체로서의 참다운 구멍에 이르는

길을道 물으시게나."

2016년 7월 성암원에서

일지 이건표

• 홈페이지 http://천운해제.com